Das Zeitalter der Dinosaurier

Das Zeitalter der
DINOSAURIER

Ein photographischer Report
von Jane Burton
Text von Dougal Dixon

Aus dem Englischen von Margaret Auer

C. Bertelsmann

Dank

Jane Burton schuldet Bruce Coleman Dank, der sie gelegentlich fragte:
»Hast du je daran gedacht, Dinosaurier zu photographieren?« Sie dankt
auch Kim Taylor für seinen unschätzbaren Rat in technischen Details und für
seinen Zuspruch. Dies gilt auch für Jan Taylor, der die Photos für den
Hintergrund lieferte, und für Weycolour Ltd. Godalming, denen sie für die
Sorgfalt und Schnelligkeit dankt, mit der sie den Film entwickelten und
kopierten. Nick Eddison und Ian Jackson dankt sie, weil sie das ganze Projekt
so glatt abwickelten.
Dougal Dixon schließt sich Jane Burton in der herzlichen Würdigung von
Steve Kirk an, der als Künstler in harter Arbeit dazu beigetragen hat, daß die
Tiere aus alter Zeit möglichst realistisch auf den Photomontagen gezeigt
werden konnten.

Eine Eddison / Sadd Edition
Herausgegeben, ausgestattet und produziert von Eddison / Sadd
Editions Limited, 2 Kendall Place, London WIII 3 A H
Photodruck von Tradespool Limited, Frome, Somerset, England
Ausgeführt von Reprocolor Llovet S. A., Barcelona, Spanien
Gedruckt und gebunden in Hongkong
von Mandarin Offset International Limited

Die Originalausgabe erschien unter dem Titel
»The Age of Dinosaurs« bei Sphere Books Ltd. 1984

Inhalt

Vorwort

Nur wenige unter uns haben sich beim Betrachten eines Dinosaurierskelettes nicht gefragt, wie das lebende Tier wirklich ausgesehen haben mag, in welcher Landschaft es lebte und welche Laute es äußerte. Viele dürften sich in der Phantasie in uralte Zeiten zurückversetzt haben, als man sich in den Urwäldern an noch nie erblickte Geschöpfe heranpirschen konnte. Die Skelette der Dinosaurier und der anderen großen Tiere der Vergangenheit sind eindrucksvoll, aber sie können uns schwerlich vermitteln, wie faszinierend diese Tiere einst im Leben gewesen sind. Auch die zahlreichen gemalten Bilder von diesen Geschöpfen können nur selten die Dramatik einer längst entschwundenen Zeit einfangen. Kunstwerke allein können diese ausgestorbenen Tiere nicht als dynamische, lebensvolle Geschöpfe darstellen. Besser geeignet sind dafür Photomontagen. Die Photos in diesem Buch zeigen vor allem die Dinosaurier, aber auch viele andere faszinierende Kriechtiere.

Auf den einführenden Seiten erfahren wir, wie die Paläontologen – die Wissenschaftler, die fossile Formen studieren – viele Tausende von Typen ausgestorbener Tiere kennenlernten. Zweifellos warten noch weitere Millionen von ihnen darauf, entdeckt zu werden. Doch unter diesen bereits bekannten einstigen Lebewesen sind die Dinosaurier die faszinierendsten und am meisten bestaunten. Dabei darf man jedoch nicht vergessen, daß die Bezeichnung »Dinosaurier« keine wissenschaftlich anerkannte Klassifizierung ist. Sie sollte eigentlich nur den Ordnungen der Saurischia und der Ornithischia vorbehalten bleiben. Doch oft wird diese Bezeichnung auch fälschlich auf Pterosaurier, Ichthyosaurier, Plesosaurier, ja sogar auf Säugetiere angewandt.

Im illustrierten Hauptteil des Buches werden wir die ersten Reptilien sehen, die, den Eidechsen ähnlich, inmitten der Farne der Wälder des Karbons lebten.

Von dieser Form aus können wir die Verzweigung in der Entwicklungslinie der Reptilien verfolgen. Anfangs gelangen die sich entwickelnden Säugetierähnlichen Reptilien zur Vorherrschaft, während die krokodilähnlichen, im Wasser lebenden Formen eine geringere Rolle spielen. Später haben diese zwei Gruppen die Rollen vertauscht: Die Säugetierähnlichen Reptilien wurden zu kleinen und unbedeutenden Säugetieren, die krokodilähnlichen Formen entwickelten sich zu den mächtigen Dinosauriern, die 120 Millionen Jahre lang die Erde beherrschten. Das Buch endet mit dem »Zeitalter der Dinosaurier« und mit dem Untergang der großen Reptilien jener Zeit. Seit damals – vor 65 Millionen Jahren – haben die Säugetiere die Vorherrschaft erlangt. Nie wieder wird die Welt etwas diesen Reptilien Vergleichbares erleben. Wir empfinden es als einen Verlust, daß wir sie niemals wirklich lebendig gesehen haben. In diesem Buch wollen wir versuchen, sie durch die Linse der Kamera zu beobachten, und eine Reise in die Vergangenheit unternehmen, um die einstigen Beherrscher der Erde in der Zeit zu studieren, in der sie den Gipfel ihres Erfolgs erreicht haben.

Skelette in Museen erregen immer noch unsere Neugier,
aber sie können uns nicht zeigen,
wie diese gigantischen Reptilien wirklich aussahen
oder wie sie lebten!

Die Erde verändert sich ständig

Die Hügel und Berge unseres Planeten scheinen seit Anbeginn der Zeiten unbeweglich aufzuragen. Doch verglichen mit dem Alter der Erde von 4,5 Milliarden Jahren sind die Berge um so jünger, je höher und eindrucksvoller sie aufragen. Die großartige Gebirgskette des Himalaja an der Grenze von Tibet ist nur 50 Millionen Jahre alt, also geologisch sehr jung.

Nicht nur die Berge, sondern alle natürlichen Landschaften der Welt sind recht kurzlebige Gebilde. Flüsse, Seen, Hochland- und Tieflandgebiete, Wälder, Wüsten, ja sogar die Lage der Kontinente haben sich allesamt verändert und tun dies noch täglich.

Unternimmt jemand einen Spaziergang in einem felsigen Gebiet, kann der Boden, auf dem er geht, einst unter dem Meer gelegen haben, und ist das der Fall, werden Beweise dafür vorhanden sein. Die Felsen bestehen vielleicht aus Kalkstein, der sich in seichtem kalkhaltigem Wasser gebildet hat, oder sie sind aus Sand entstanden, den ein Fluß angeschwemmt hat. Darin können Schalen von Meeresweichtieren enthalten sein. Die Gehäuse stammen vielleicht von heute ausgestorbenen Tieren, sie könnten aber auch zu einer noch jetzt in einer anderen Weltgegend lebenden Art gehören. Dies wäre ein Beweis für eine rapide Veränderung des Klimas wie auch der geographischen Lage.

Das Gestein kann aber auch vulkanischen Ursprungs sein und aus abgekühlter flüssiger Lava bestehen. Es könnten jedoch auch Felsen sein, die durch starken Druck am Fuße eines Gebirges, das aufgefaltet wurde, zusammengepreßt, verlagert und festgehalten worden sind. Die Berge selbst sind dann später bis zur Basis abgetragen worden. Die Kontinente sind riesige Flöße aus Gestein, sie driften, getrieben von Bewegungen tief unter der Erdkruste, im Erdmantel dahin. Vor 180 Millionen Jahren war Nordamerika noch mit Europa verbunden. Seit damals trieb Nordamerika ständig westwärts, und dabei wurde die westliche Küsten-

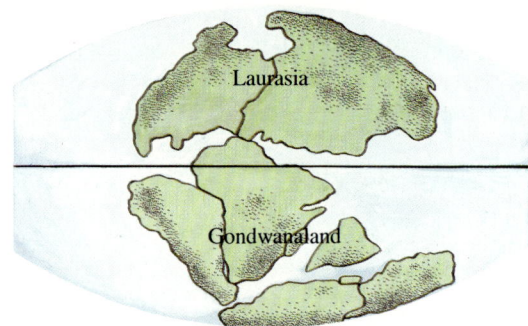

Die Kontinente sind ständig in Bewegung. Vor 180 Millionen Jahren, auf dem Höhepunkt des Zeitalters der Dinosaurier, waren sie alle zu zwei großen Landmassen vereint *(oben)*. Im Norden lag Laurasia, im Süden Gondwanaland.

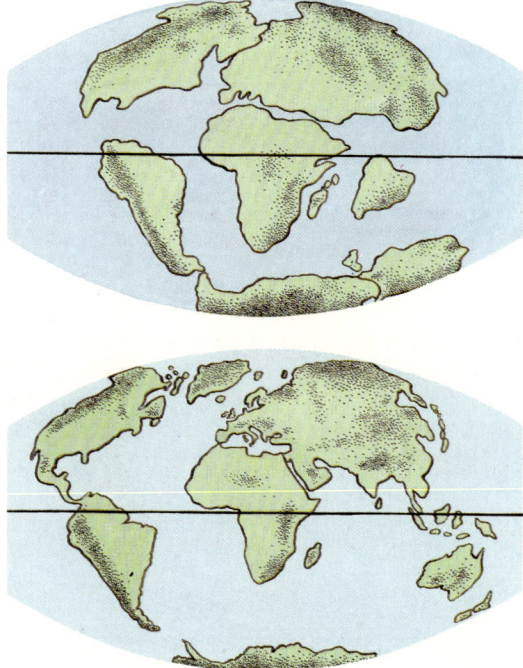

Während des Zeitalters der Dinosaurier begannen die Kontinente sich aufzuspalten *(Mitte)*, bis sie die jetzige Lage erreichten *(oben)*. Sie wandern immer noch, wenn auch im Jahr nur Zentimeter weit.

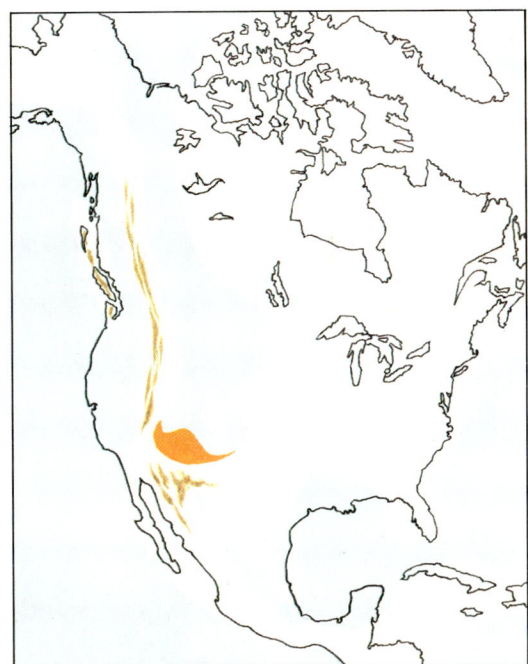

In der Vergangenheit nahmen nicht nur die Kontinente verschiedene Positionen ein, auch die Küstenlinien sowie die Lage der Gebirge und Binnenmeere sahen anders aus. Die Landkarte zeigt die heutige Küstenlinie Nordamerikas, überlagert von der im Jura vorhandenen. Damals trennte ein Binnenmeer die westlichen Gebirge von den östlichen Ebenen.

linie zu den Gebirgen aufgefaltet, die sich heute dort erheben. Der Himalaja ist entstanden, als der Subkontinent Indien mit dem übrigen Asien kollidierte und dabei Gesteine zertrümmerte und aufwarf.

Die Bewegungen der Kontinente können wir nachweisen, wenn wir den Magnetismus in den Gesteinen untersuchen. Bildet sich ein Gestein, richten sich die magnetischen Teilchen in ihm auf den Nord- und Südpol der Erde aus. Wohin auch das Gestein wandert, verharren diese Teilchen in der ursprünglichen Stellung. Heute können wir diese Teilchen untersuchen und feststellen, in welche Richtung sie weisen. So können wir herausbekommen, wann und wo sie sich zuerst »ausgerichtet« haben.

Diese uralten Landschaften erforscht die Paläographie. Studieren wir die Gesteine, können wir daraus die Landformen und die Szenerie vergangener Zeiten erarbeiten. Wir können feststellen, ob ein bestimmtes ausgestorbenes Tier in Sümpfen, an der Meeresküste, in Hochlandtälern, in Gebirgen oder wo auch sonst immer gelebt hat. Dies verrät uns die Art des Gesteins, in dem die Überreste gefunden worden sind.

Oft verraten uns die Gesteine das Aussehen von Landschaften und die klimatischen Bedingungen alter Zeit.

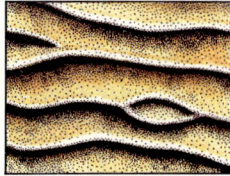

Die jetzige Schichtenlagerung (oben) wurde von einem Fluß gebildet. Spalten im Schlamm (links) stammen von austrocknenden Wasserlöchern, und Spuren kleiner Wellen (rechts) entstanden durch Wellenschlag in einem seichten Meer.

Das Pflanzenleben auf der Erde

Pflanzen sind »primäre Erzeuger«, sie stellen aus Wasser und Mineralien des Bodens ihre eigene Nahrung mit Hilfe der Energie des Sonnenlichts her. Diese Nahrung wird auch von Tieren verwendet, die Pflanzen verzehren. Raubtiere wiederum können von den Pflanzenfressern leben. So bilden die Pflanzen das erste Glied in der Nahrungskette. Und welche Tierarten in einem Gebiet gedeihen, hängt von den dort wachsenden Pflanzenarten ab. So werden sich etwa im Grasland Weidetiere aufhalten.

In den verschiedenen Weltgegenden finden sich je nach der geographischen Lage und dem Klima unterschiedliche Vegetationsformen. Sie sind stets zeitbedingt, da sich auch die Pflanzenformen weiterentwickeln. Zuerst waren alle Pflanzen einzellig und lebten im Meer. Aus ihnen entwickelten sich vielzellige Algen, und die Aufgaben, die vorher eine Zelle erfüllt hatte – wie Ernährung und Fortpflanzung –, wurden nun auf verschiedene Zellen verteilt. So erzeugten die Blattzellen Nahrung, die Stengelzellen verankerten die Pflanze, eigene Zellen sorgten für die Fortpflanzung. Schließlich waren einige an die Küste geschwemmte Pflanzen imstande, auf dem feuchten Land zu überleben. Sie entwickelten Stützgewebe, um sich aufrecht zu halten, und ein Leitungssystem, das Wasser aus dem Boden in die Blätter hinaufbeförderte und Nahrung von ihnen zu den übrigen Pflanzenteilen transportierte.

Dann entwickelten sich große Wälder. Aber an heutigen Maßstäben gemessen, waren deren Pflanzen primitiv. Sie bestanden aus frühen Verwandten von Farnen und Schachtelhalmen, die jedoch über 3 Meter hoch wurden. Starben sie ab, wurden die Wälder im Schlamm der Sümpfe

Fossilien einer der ältesten Gruppen von Landpflanzen stammen aus Gesteinen des Devons im Norden von Schottland. Diese kniehohen Psilophyten waren noch sehr primitiv, sie besaßen keine echten Blätter oder Blüten. Einst überwucherten sie die Ufer eines großen Binnensees in einer Region aus Bergen und Wüsten.

Im Lauf der Zeit hat sich das Pflanzenleben auf der Erde gewandelt. Farne (1) entwickelten sich vor 350 Millionen Jahren und haben sich seither wenig verändert. Gräser (2) sind erst vor rund 50 Millionen Jahren erschienen. *Cooksonia* (3) war eine der ersten Pflanzen, die sich vor 400 Millionen Jahren aufs Land hinauswagten. Die Schachtelhalme (4) sind so alt wie die Farne. Einst wuchsen sie zu großen Bäumen heran.

begraben, in denen sie wuchsen. Ihr Holz verwandelte sich schließlich in Kohle.

Später wurden diese primitiven Wälder abgelöst von anderen aus Nadelbäumen und am Ende aus Blütenpflanzen.

Diese Veränderung der Pflanzenwelt ging dem Wandel in der Tierwelt voraus. Ursprünglich war kein Sauerstoff in der Atmosphäre vorhanden. Er sammelte sich erst an, als er von den Pflanzen als ein Nebenprodukt der Nahrungserzeugung abgegeben wurde. Nachdem die Pflanzen aus dem Wasser auf das Land gelangt waren, konnten auch die Tiere das Meer verlassen. Je nach den Pflanzenformen, die auftraten und wieder ausstarben, erschienen und verschwanden mit ihnen auch die Tiere, die sich von ihnen ernährten. Die ersten Farne waren Futter für die Säugetierähnlichen Reptilien. Die später erscheinenden Nadelbäume wurden auch von Dinosauriern abgeweidet. Als sich schließlich vor 50 Millionen Jahren die Gräser entwickelten, folgte darauf die Entwicklung von Weidetieren.

Das Leben der Tiere auf der Erde

Wie die Pflanzen waren auch die Tiere anfangs klein. Sie schwammen als Einzeller in den Ozeanen der Urzeit und lebten von einzelligen Pflanzen. Später entwickelten sie sich zu vielzelligen Tieren, von denen manche Formen eine Wirbelsäule ausbildeten. Einige dieser Wirbeltiere verließen das Wasser und entwickelten sich nacheinander weiter zu Amphibien, Reptilien und Säugetieren.

Für die Bestimmung der geologischen Zeiträume benützen wir die verschiedenen Stadien dieses Entwicklungsprozesses. Die geologische Zeitskala wird in eine Anzahl von Perioden unterteilt, wobei jede Periode einem Stadium der Evolution der Tiere entspricht.

Aus dem Präkambrium vor 570 Millionen Jahren wurden nur wenige Fossilien gefunden. Während dieser Urzeit waren noch keine harten Körperteile vorhanden wie etwa Knochen oder Schalen, die leicht versteinerten. Diese entstanden erst im Kambrium, aus dem deshalb auch schon wesentlich mehr Fossilien überliefert sind.

Im Ordovizium entwickelten sich die ersten kieferlosen Fische, deren Zahl im Silur stark zunahm. Im Devon wagten sich erstmals Tiere auf das feste Land, das erst im Silur von Pflanzen besiedelt worden war. Zuerst traten Insekten und Spinnen auf, ihnen folgten später Fische, die sich zu Amphibien weiterentwickelten. Die ersten Wirbeltiere, die das Wasser verließen, waren Süßwasserfische. Sie strandeten am Ufer austrocknender Seen, entwickelten Lungen und paarige, muskulöse Flossen, mit denen sie sich über Land zum nächsten Tümpel schleppten.

Die Szenenfolge auf dem Bild zeigt die fortlaufende Entwicklung der Tierwelt aus einfachen Meeresgeschöpfen des Kambrium bis zu den Reptilien des Zeitalters der Dinosaurier und schließlich bis zum Erscheinen des Menschen. Dargestellt sind repräsentative Beispiele aus den Hauptgruppen von Tieren und von Pflanzen. Jene, die später auf den Bildern gezeigt werden, sind mit einem ▲ gekennzeichnet.

1. Schwämme
2. Quallen
3. *Paradoxides* (ein Trilobit)
4. Korallen
5. *Marella*
6. Grünalgen
7. Ein Nautiloid
8. *Cooksonia*
9. *Jamoytius* (ein kieferloser Fisch)
10. *Pterygotus* (Meeresskorpion)
11. *Hyenia*
12. *Meganeura*
13. *Cladoxylon*
14. *Eusthenopteron* (Quastenflosser)
15. *Dinichthys*
16. *Cladoselache*
17. »Kohlewald«
18. *Gigantopteris*
19. *Hylonomus*, ▲
20. *Phlegethontia*

570 Präkambrium — Kambrium — 500 — Ordovizium — 430 — Silur — 395 — Devon — 345 — Karbon

Zeitangaben in Millionen Jahren

In den »Kohlewäldern« des Karbon herrschten die Amphibien. Damals erschienen auch die ersten Reptilien. Sie legten hartschalige Eier, in denen die Jungen geschützt heranwuchsen.

Während des Perms wurden die Reptilien auf dem Festland sehr erfolgreich. Eine Gruppe von ihnen zeigte sehr säugetierähnliche Merkmale. Später, in der Trias, starben die Säugetierähnlichen Reptilien aus, nachdem sich vorher aus ihnen echte Säugetiere entwickelt hatten. Dies waren kleine, spitzmausähnliche Geschöpfe, die in den nächsten 130 Millionen Jahren ihr Aussehen wenig veränderten. Während dieser ganzen Zeit traten sie in der Evolution in den Hintergrund. Denn in der Trias übernahmen die Dinosaurier die Herrschaft und blieben in der Jura- und in der Kreidezeit dominant.

Am Ende der Kreide vor rund 65 Millionen Jahren starben alle Dinosaurier aus, und es begann das Zeitalter der Säugetiere. Das Zeitalter des Menschen fing erst zu Beginn des Quartärs vor 2 Millionen Jahren an.

Fast alle Einteilungen der geologischen Zeitskala beruhen auf Veränderungen in der Tierwelt des Meeres. Denn die Gesteine aus den verschiedenen Zeitaltern bestehen meist aus Meeresablagerungen. Die Namen der Perioden leiten sich hauptsächlich von den Orten ab, an denen man die betreffenden Gesteine zuerst erforscht hat. So hat man das Devon nach der südenglischen Grafschaft Devon benannt, wo man die für diese Zeit typischen Gesteine gefunden hat. Das Karbon erhielt den Namen nach der lateinischen Bezeichnung »carbo« für Kohle.

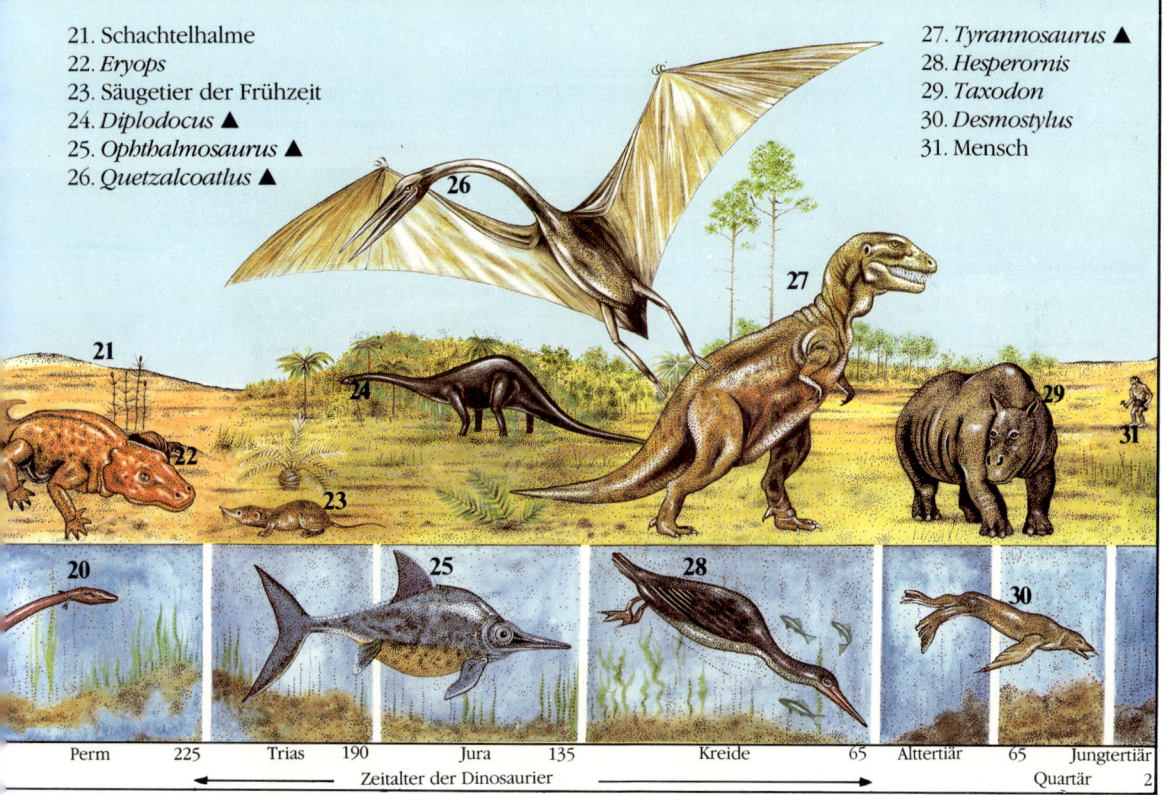

21. Schachtelhalme
22. Eryops
23. Säugetier der Frühzeit
24. *Diplodocus* ▲
25. *Ophthalmosaurus* ▲
26. *Quetzalcoatlus* ▲
27. *Tyrannosaurus* ▲
28. *Hesperornis*
29. *Taxodon*
30. *Desmostylus*
31. Mensch

Perm | 225 | Trias | 190 | Jura | 135 | Kreide | 65 | Alttertiär | 65 | Jungtertiär
← Zeitalter der Dinosaurier → | Quartär | 2

Die Klassifikation der Reptilien

Die Wirbeltiere sind Tiere mit einer Wirbelsäule. Sie umfassen eine Anzahl von Gruppen, die sich deutlich voneinander unterscheiden. Je nach ihrer in der Evolution erreichten Stufe sind dies Fische, Amphibien, Reptilien und Vögel und an der Spitze die Säugetiere. Uns interessieren hier die Reptilien.

Ein Reptil, ein Kriechtier, kann als ein Wirbeltier definiert werden, das auf festem Land Eier legt, wechselwarm ist, d. h. die Körpertemperatur nicht selbst regeln kann, und eine Schuppenhaut besitzt.

Im Detail trifft diese Definition nicht auf bestimmte ausgestorbene Gruppen zu, doch für die Gegenwart ist sie eine brauchbare Beschreibung. Zu den neuzeitlichen Reptilien gehören Schlangen, Echsen, Krokodile und Alligatoren sowie die altertümliche Brückenechse Neuseelands.

Die Einteilung der Klasse der Reptilien richtet sich nach dem Bau des Schädels und nach der Zahl von Öffnungen, den sogenannten Schläfenfenstern darin. Sie fehlen bei den primitivsten Reptilien ganz. Man bezeichnet das als *anapsiden* Schädelbau. Er findet sich bei den ältesten Reptilien und heute noch bei den Schildkröten.

An den sich später entwickelnden Schläfenfenstern konnten sich die verschiedenen Kiefermuskeln ansetzen. Der *synapsid* gebaute Schädel wies eine einzige Öffnung an der Unterseite auf. Zu den Tieren mit diesem Schädelbau gehörten die mit einem »Rückensegel« ausgestatteten Pelycosaurier und die Säugetierähnlichen Reptilien, aus denen sich schließlich die Säugetiere entwickelten.

Beim *parapsiden* Schädelbau liegt das einzige Schläfenfenster ganz oben auf dem Kopf. Die großen, im Wasser lebenden Reptilien des »Zeitalters der Dinosaurier« einschließlich der Ichthyosaurier und der Plesiosaurier besaßen diesen Schädeltyp. Doch diese Übereinstimmung könnte rein zufällig sein, da beide Saurier wahrscheinlich verschiedener Abstammung waren.

Die größte Reptiliengruppe weist auf beiden Seiten des Schädels ein Schläfenfenster auf. Dieser Schädelbau wird als *diapsid* bezeichnet. Zu dieser Gruppe zählen die Archosaurier, die selbst wieder in zwei Dinosaurier-Ordnungen, in die Saurischier und die Ornithischier, eingeteilt werden. Dazu gehören aber auch die Pterosaurier und die Krokodile sowie die heutigen Echsen und Schlangen. Von dieser Gruppe stammen auch die Vögel unserer Zeit ab.

Obwohl die Reptilien auf der Bühne der Evolution zwischen dem Karbon und der Kreide die wichtigste Rolle spielten, waren sie keineswegs allein. Geringere Rollen übernahmen die Säugetiere, die in der Trias erschienen waren. Auch Vögel hatten sich im Oberen Jura entwickelt, und in den Ozeanen und Flüssen waren immer reichlich Fische vorhanden. Das blieb auch so, während die Reptilien auf dem Land vorherrschten. Die Amphibien spielten die Hauptrolle im Devon und im Karbon. Seit damals hat ihre Bedeutung abgenommen.

Euparkeria war eine Form der Thecodontier, die sich zu den Dinosauriern weiterentwickelte. Die Fortbewegung auf zwei Beinen war bereits den Dinosauriern ähnlich.

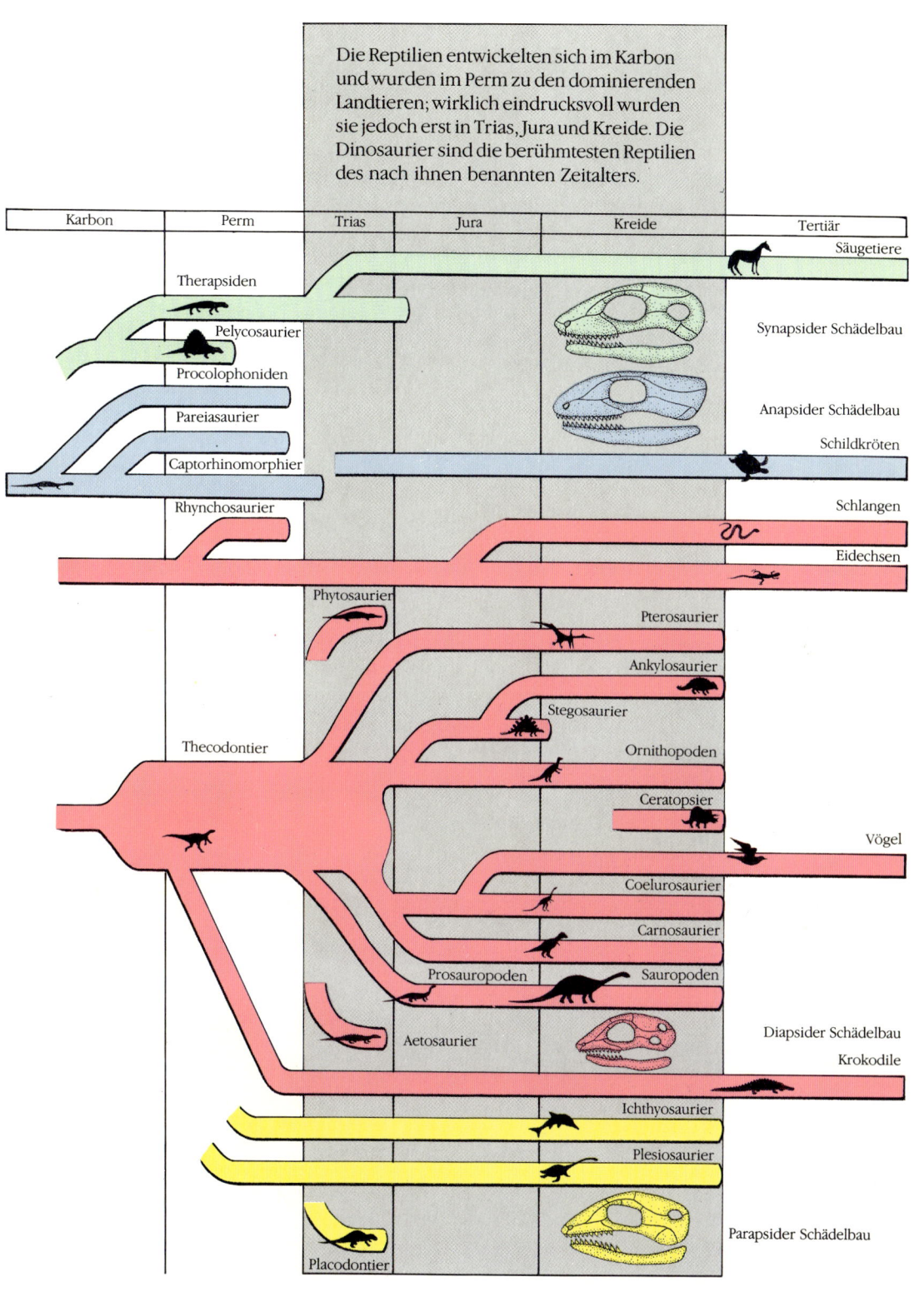

Die Reptilien entwickelten sich im Karbon und wurden im Perm zu den dominierenden Landtieren; wirklich eindrucksvoll wurden sie jedoch erst in Trias, Jura und Kreide. Die Dinosaurier sind die berühmtesten Reptilien des nach ihnen benannten Zeitalters.

Karbon	Perm	Trias	Jura	Kreide	Tertiär

Säugetiere

Therapsiden

Pelycosaurier

Synapsider Schädelbau

Procolophoniden

Anapsider Schädelbau

Pareiasaurier

Schildkröten

Captorhinomorphier

Rhynchosaurier

Schlangen

Eidechsen

Phytosaurier

Pterosaurier

Ankylosaurier

Stegosaurier

Thecodontier

Ornithopoden

Ceratopsier

Vögel

Coelurosaurier

Carnosaurier

Prosauropoden

Sauropoden

Aetosaurier

Diapsider Schädelbau

Krokodile

Ichthyosaurier

Plesiosaurier

Parapsider Schädelbau

Placodontier

15

Laufen und Fliegen

Gestalt und Lebensweise eines Tieres hängen eng miteinander zusammen. Verschiedene körperliche Merkmale passen sich bei unterschiedlichen Tieren den verschiedenen Umwelten an. Tiere mit der gleichen Lebensweise in ähnlichen Umwelten zeigen meist ähnliche Merkmale. Fast scheint es, als habe sich die Natur zu einer besonderen Gestalt für eine besondere Lebensweise entschieden. Denn immer wieder erscheint bei Tieren unterschiedlicher Art eine ähnliche Körperform.

Betrachtet man etwa Tiere, die in offenen Landschaften leben, bemerkt man mehrere Ähnlichkeiten. Wo keine dichte Pflanzendecke vorhanden ist, kann sich ein Tier nur schwer verstecken. Ein Beutetier muß flüchten, um einem Raubtier

Der Strauß unserer Zeit *(links)* und *Struthiomimus* der Kreide *(rechts)* lebten in einer vergleichbaren Landschaft und glichen sich auch in der Lebensweise. Dies geht sehr deutlich aus der großen Ähnlichkeit in Gestalt und Größe zwischen *Struthiomimus* und dem Strauß hervor.

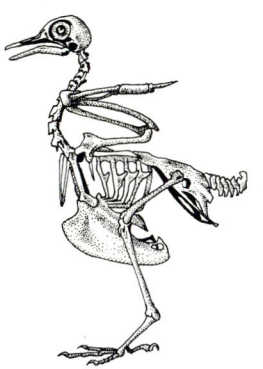
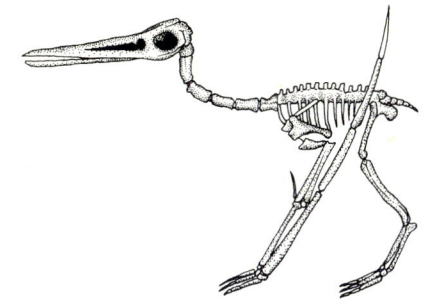

Vögel *(links)* und Pterosaurier *(rechts)* zeigen ähnliche Anpassungen an eine fliegende Lebensweise. Bei beiden haben sich die Vordergliedmaßen zu Flügeln entwickelt. Ihr Körper ist leicht gebaut und hat hohle Knochen. Abgebildet sind hier eine Taube und *Pterodactylus*.

zu entgehen. Für ein erfolgreiches Leben in offenem Gelände braucht man also lange, besonders zum Laufen geeignete Beine. Deren Muskeln sind im oberen Abschnitt konzentriert und bewegen das übrige Bein über ein Sehnensystem, das an den Knochen befestigt ist. Der Oberschenkelknochen ist kurz und kräftig, um die Muskeln tragen zu können, während Schienbein und Fußknochen lang und dünn sind. Das Resultat ist ein langes, schlankes Bein, das schnelle Bewegung erleichtert. In offenem Gelände ist es vorteilhaft, einen eventuellen Feind früh zu sehen. Ein langer Hals verschafft einem Tier eine günstige Sicht. Er ermöglicht ihm, auch Futter auf dem ziemlich weit entfernten Boden zu erreichen. Die heutigen Bewohner des offenen Flachlands, wie etwa Antilopen und der Strauß, zeigen alle diese Merkmale.

Was in der Gegenwart taugt, hat sich auch in der Vergangenheit schon bewährt. Wir können deshalb bei fossilen Tieren nach solchen Merkmalen suchen und daraus auf die Lebensweise schließen. Dinosaurier wie etwa *Struthiomimus* (S. 82) besaßen solche langen Laufbeine und den langen, biegsamen Hals. Das deutet darauf hin, daß dieser Dinosaurier in offenem Gelände lebte und imstande war, vor herannahenden Raubtieren zu fliehen.

Noch auffallender ist die Anpassung an eine fliegende Lebensweise. Die dafür erforderlichen Flügel müssen sehr leicht sein. Daher besitzen solche Geschöpfe nur wenige massive Körperteile, die leicht versteinern. Dennoch hat man in feinkörnigem Gestein die gut erhaltenen fossilen Abdrücke der Federn von *Archaeopteryx* (S. 60), dem ersten Vogel, gefunden sowie die von Flughäuten verschiedener Pterosaurier. Andere Merkmale dieser Geschöpfe, die vielleicht aus Fossilien leichter ersichtlich sind, befähigen uns, sie als Flugtiere selbst dann zu identifizieren, wenn weniger vollständige Überreste vorhanden sind. Der Körper eines Tieres, das fliegt, muß leicht sein. Pterosaurier und Vögel haben beide hohle Knochen, die mithelfen, das Körpergewicht gering zu halten. Bei beiden, bei Vögeln wie auch Pterosauriern, sind viele Rumpfknochen starr miteinander verschmolzen, so daß sie den Flugmuskeln festen Halt geben. Bei diesen beiden Tiergruppen werden die Flügel von den Vordergliedmaßen getragen, die daher beträchtlich länger und stärker sind als die Hinterbeine. Außerdem erfordert eine fliegende Lebensweise in irgendeiner Form eine Regelung der Körpertemperatur. Vögel erreichen dies mit ihren Federn, Pterosaurier waren, wie wir inzwischen wissen, wie Fledermäuse mit einem Fell bedeckt.

Der Delphin (1), der Hai (2) und der Ichthyosaurier (3) haben alle drei einen stromlinienförmigen Körper, ferner Bauch-, Rücken-
und Schwanzflossen als Schwimmorgane
sowie beiderseits des Körpers
Gleichgewichtsorgane.

Schwimmen und Graben

Das Meer ist eine Umwelt, die gänzlich andere Anpassungen erfordert als jene, die für ein Leben auf dem festen Land nötig sind. Die Wirbeltiere, die sich im Meer entwickelten, paßten sich ausschließlich dieser Umwelt an. Es waren Fische, deren stromlinienförmige Körper ihnen halfen, sich durch das Wasser fortzubewegen. Sie besaßen Flossen, die sie im Wasser vorantrieben. Ihre Zähne waren geeignet, andere Fische oder Meeresgeschöpfe zu packen.

Einige Gruppen der Wirbeltiere verließen das Meer und entwickelten sich erfolgreich zu Landbewohnern, doch sie kehrten später in ihrer Geschichte wieder ins Meer zurück. Sie paßten sich dabei der Umwelt ihrer Ahnen erneut an. Ihr Körper wurde langgestreckt und torpedoförmig, die Gliedmaßen entwickelten sich zu paddelförmigen Organen, dazu kamen eine mächtige, zum Schwimmen geeignete Schwanzflosse und eine als Steuer dienende Rückenflosse. Die Kiefer streckten sich und füllten sich mit spitzen kleinen Zähnen für den Fischfang. Diese Beschreibung paßt genau auf den Delphin, auf ein Säugetier, das längst ein Dasein auf dem festen Land aufgegeben hat und wieder ins Meer zurückgekehrt ist. Sie gilt aber auch für den *Ichthyosaurus,* ein Reptil, das in Trias und Jura genau das gleiche getan hat. Und es könnte ebenso die Beschreibung eines Hais sein.

Der Delphin, der Ichthyosaurier und der Hai lassen sich hervorragend als Beispiel für eine konvergente Evolution anführen.

Andere im Meer lebende Reptilien haben ebenfalls ihre Gegenstücke unter den Säugetieren. Die Plesiosaurier (S. 52) wie etwa *Cryptocleidus* lebten wahrscheinlich ähnlich wie heute die Robben und jagten in den Meeren Fische. Die größeren Pliosaurier wie etwa *Peloneustes* standen in Größe und Aussehen den heutigen Walen nahe.

Tiere mit einer grabenden Lebensweise brauchen körperliche Anpassungen, die denen von schwimmenden Geschöpfen ähnlich sind. Ein stromlinienförmiger Körper ist notwendig, um sich den Weg durch eine dichte Materie zu bahnen. Das Tier kommt mit Hilfe von Körperbewegungen mit paddelförmigen Gliedmaßen voran. Dicht mit kleinen Zähnen bedeckte Kiefer befähigen das Tier, kleinere Geschöpfe der gleichen Umwelt zu verzehren. Der Maulwurf Europas und Nordamerikas, der Goldmull Südafrikas und der Beutelmull Australiens sind in dieser Hinsicht fast identisch. Diese Säugetiere sind ebenfalls nicht miteinander verwandt, sie zeigen nur die gleichen Anpassungen an eine ähnliche Lebensweise. Auch bei den Reptilien fehlen »Maulwürfe« nicht. Einige Skinke in heißen, sandigen Gebieten zeigen diese Merkmale, und es wäre möglich, daß die Streckung des Körpers und die Verkümmerung der Gliedmaßen vor Millionen Jahren zur Entstehung der heutigen Schlangen geführt hat.

Graben und Schwimmen sind sehr ähnliche Fortbewegungsarten. Jedes unterirdisch lebende Tier muß stromlinienförmig sein, um sich den Weg durch den Boden zu bahnen. Maulwürfe *(links)* unter den Säugetieren und Skinke *(rechts)* unter den Reptilien weisen ähnliche Merkmale auf, die es ihnen ermöglichen, im Boden zu »schwimmen«.

Der Gestaltwandel der Dinosaurier

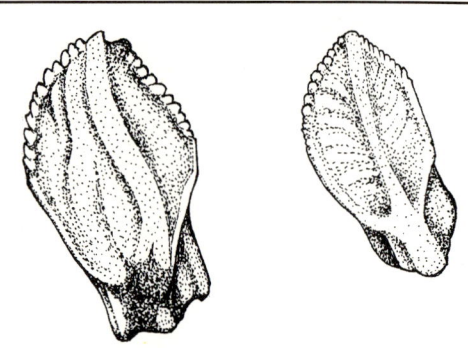

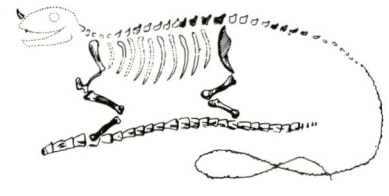

Die ersten entdeckten Überreste von *Iguanodon* – *oben* die Zähne – glichen so sehr denen von *Iguana,* daß nach Dr. Mantells Ansicht das ganze Tier wie ein riesiger Leguan ausgesehen haben muß *(unten).*

Die meisten modernen Restaurierungen zeigen *Iguanodon* als einen friedlichen Pflanzenfresser, der sich auf zwei Beinen fortbewegt und auf seinen Schwanz stützt. Wahrscheinlich benützte er die Daumen dazu, Äste herunterzuziehen, um mit der Zunge und dem schnabelförmigen Mund die Blätter abzustreifen.

Es war nie leicht, ein ausgestorbenes Tier nach verstreuten Überresten zu restaurieren. Wieviel schwieriger muß dies erst gewesen sein, ehe die Menschen etwas über die Dinosaurier und die anderen Reptilien längst vergangener Zeiten wußten.

Iguanodon (S. 74) wurde als einer der ersten Dinosaurier entdeckt. Die ersten Überreste, die ans Licht kamen, waren eine Handvoll Zähne, gefunden in Sussex in England von Mary, der Frau von Dr. Gideon Mantell, einem begeisterten Fossiliensammler. Das war 1822, als sich noch niemand eine Vorstellung vom Alter der Erde machte oder davon, wie sie sich im Lauf ihrer Geschichte verändert hat. Der Fund der Zähne war für Dr. Mantell ein Rätsel. Weder er noch andere Naturwissenschaftler seiner Zeit konnten feststellen, von welchem Tier sie stammten. Schließlich entschied Dr. Mantell, daß die Zähne, wie andere in der Nähe gefundene, denen der Leguane, der *Iguana*-Arten Südamerikas, sehr ähnlich waren. Daher nannte er dieses Tier *Iguanodon* – eine »Art mit Iguana-Zähnen«. Inzwischen hatte er außer Zähnen noch einzelne Knochen gefunden und war imstande, sich an eine Restaurierung des Tiers zu wagen. Es ist nicht verwunderlich, daß seine Skizze des Tieres wie ein sehr großer Leguan aussah. Diese Darstellung wurde damals akzeptiert, und man fertigte danach Skulpturen an, die man auf dem Gelände von Crystal Palace in Sydenham, südlich von London, aufstellte. Dort kann man sie vermutlich heute noch besichtigen.

Erst als man vollständige Skelette von *Iguanodon* entdeckte, konnte man die wahre Gestalt dieses Tiers erkennen. 1878 fand man in einem Bergwerk von Bernissart in Belgien die Überreste von mehr als dreißig Iguanodonten, von denen viele vollständig waren. Zum ersten Mal sah man, daß das Tier auf den Hinterbeinen ging und einen Kopf hatte, der verglichen mit dem übrigen Körper ganz klein war. Ein spitzer Knochen, den

Dr. Mantell in die Nase des Tieres plaziert hatte, wurde als Daumenende erkannt. Die Art der Restaurierung, die auf diesen Überresten beruhte, ist seit damals als »Iguanodon-Methode« maßgebend geworden. Selbst heute noch wird neues Beweismaterial über das Aussehen fossiler Reptilien ausgegraben. So ist die Annahme relativ neu, daß *Iguanodon* Backentaschen besaß. Anlaß dazu boten Vertiefungen an den Schädelseiten und Vermutungen über die Funktionsweise der Zähne. Erst 1983 gefundene Überreste haben mehr Klarheit darüber gebracht, wie die Kiefer arbeiteten. Es zeigte sich, daß sie viel komplizierter funktionierten, als man ursprünglich annahm.

In den siebziger Jahren wurde die Theorie aufgestellt, daß die Dinosaurier doch keine wechselwarmen Tiere waren, sondern wie die heutigen Säugetiere und Vögel ihre Körpertemperatur regulieren konnten. Ein Argument dafür ist ihre aktive Lebensweise. Dies führte zu einigen sehr unterschiedlichen Restaurierungen, von denen eine *Iguanodon* zeigt, der wie ein aufgescheuchter Strauß über das offene Gelände rast.

Rekonstruktionen
und Restaurierungen

Wenn man ein vollständiges Tierskelett im Gestein findet, kann man es ohne Schwierigkeiten der jeweiligen Tierart zuordnen. Häufiger findet man jedoch nur einzelne Knochen, die mit vollständigen Überresten verglichen werden müssen, ehe man sie bestimmen kann.

Fossile Wirbeltierknochen können äußerst schwierig zu behandeln sein. Sie drohen zu zerfallen, sobald man sie aus dem Gestein, in das sie eingeschlossen sind, herauslöst und von der Fundstelle ins Laboratorium bringt. Um solchen Schwierigkeiten vorzubeugen, wird der freigelegte Knochen in eine mit Gipsbrei getränkte Sackleinwand eingeschlagen. Ist die Hülle getrocknet, schützt sie die Fossilie, während man den Rest davon aus dem Gestein herauslöst. Dann wird das gesamte Gebein für die Reise zur Forschungsstätte auf die gleiche Weise behandelt. Die Lage eines jeden Knochens wird genau notiert, ehe man ihn entfernt. Das hilft später bei der Zusammensetzung des ganzen Skeletts. Soll ein montiertes Skelett ausgestellt werden, fertigt man Modelle der Knochen aus leichten Glasfasern an. Die Originale der Fossilien können dann aufbewahrt und genau untersucht werden.

Ein solches künstliches Skelett, das man oft in einem Museum ausstellt, wird von den Paläontologen eine *Rekonstruktion* genannt. Eine *Restaurierung* zeigt dagegen, wie das ganze Tier ausgesehen hat, als es noch lebte. Eine Restaurierung kann ein gemaltes Bild oder eine Skulptur sein oder – wie in diesem Buch – eine Photomontage. Sie ist notgedrungen viel spekulativer als eine Rekonstruktion.

Eine Restaurierung beginnt stets mit einer Rekonstruktion. Doch selbst in diesem Stadium tauchen Probleme auf. Es ist mehr als wahrscheinlich, daß Teile des Skeletts fehlen und man erst durch die Betrachtung von Skeletten verwandter Tiere feststellen muß, wie die verlorengegangenen Stücke ausgesehen haben. Leider sind die Schädel von Dinosauriern selten erhalten geblieben, da ihr

leichter Bau sie während der Fossilisation sehr verletzlich macht.

Anhand der Knochen kann der Paläontologe auch erkennen, wie die Muskeln daran befestigt waren. Oft lassen sich die Ansatzstellen als Schrammen an der Oberfläche des Knochens erkennen. Wir können auch feststellen, ob ein Körperteil, etwa

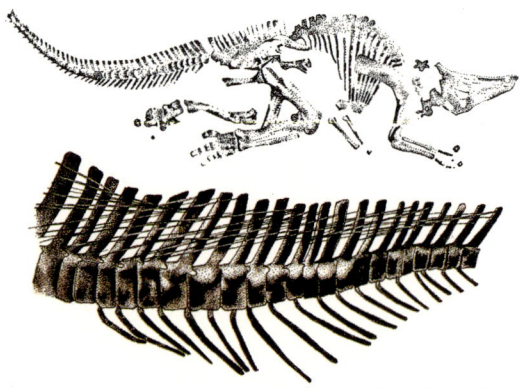

Fossile Skelette werden nur selten vollständig gefunden wie etwa das des Entenschnabel-Dinosauriers *Anatosaurus*. Wenn die Wissenschaftler einen so eindeutigen Fund machen, können sie leicht erkennen, wie das Tier ausgesehen hat.

Für gewöhnlich kann ein Paläontologe, der ein fossiles Tier restauriert, nur vermuten, wie die Haut ausgesehen hat. Manchmal, wenn das Tier schnell verschüttet worden ist, kann die Haut in fossilem Zustand erhalten bleiben.

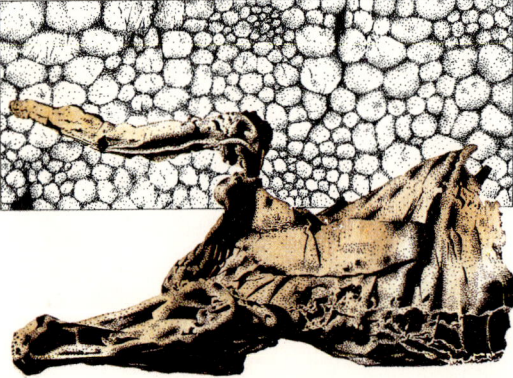

der Schwanz, flexibel oder steif gewesen ist, wenn wir darauf achten, wie die Knochen angeordnet waren, ob sie gelenkig miteinander verbunden oder die Gelenke etwa durch Sehnen versteift gewesen sind.

Ein Problem ist auch die Hautstruktur, da wir nur selten fossile Haut finden. Fossile Abdrücke der Haut können dort ans Licht kommen, wo das Tier sich im Schlamm gewälzt hat, der später erhärtete und so den Abdruck vollständig bewahrte. Wo ein Tier verendet und der Kadaver eingetrocknet ist, kann auch die Haut zu Leder geworden sein.

Eine der Fragen, über die man nur spekulieren kann, ist die Färbung. Irgendein unmittelbares Beweismaterial für die Färbung ausgestorbener Tiere ist schwerlich vorhanden. Wir können nur von den Farbmustern heute lebender Tiere auf die Färbung der fossilen Tiere schließen. So können wir der Tarnung dienende Muster auf Tiere anwenden, die sie gebraucht haben, und die Eignung einer Farbgebung von der Umwelt abhängig machen, in der sie lebten. Wie bei den heutigen Arten dürften die größeren Tiere matter gefärbt gewesen sein und allgemein zu einer dunkleren Tönung geneigt haben. Die kleineren Geschöpfe sind wohl leuchtender gefärbt gewesen.

Die erste Arbeit bei der Restaurierung ist die Rekonstruktion des Skeletts (1). Dann können wir feststellen, wo die Muskeln befestigt gewesen sind (2). Nur vermuten können wir, welche Färbung das Tier hatte (3). Aber *Anatosaurus* paßte wahrscheinlich in der Färbung genauso in die damalige Landschaft wie die meisten neuzeitlichen Tiere.

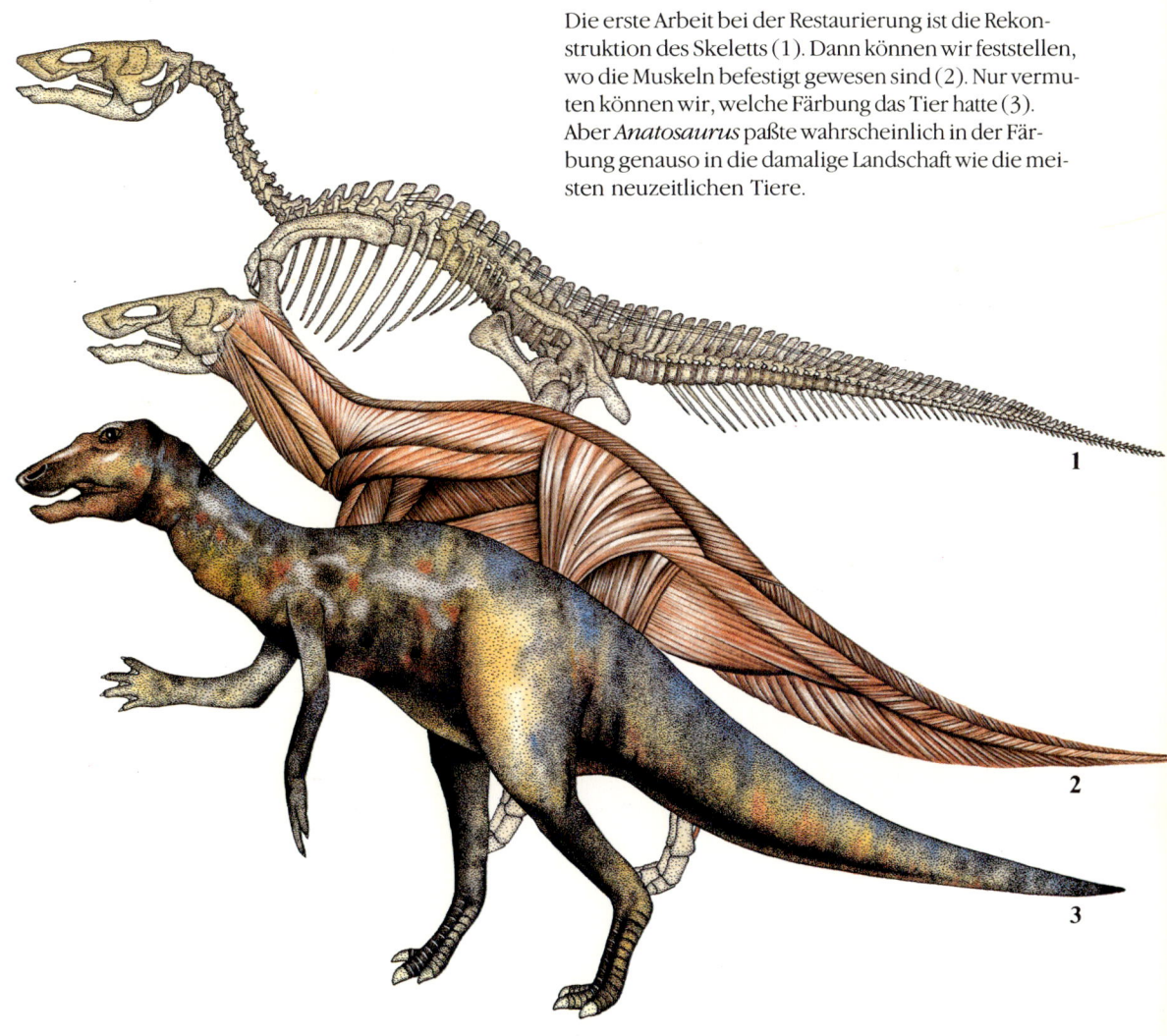

1

2

3

Die Entdeckungen

Fossilien waren den Menschen bekannt, seit sie Gesteine betrachtet haben. Leonardo da Vinci (1452–1519) hielt fossile Schalen für Überreste von Meerestieren. Im 17. Jahrhundert nahm man an, daß die Fossilien einst lebendige Geschöpfe waren, deren Vorkommen in Gesteinen fern vom Meer mit der Sintflut der Bibel erklärt wurde.

Erst Anfang des 19. Jahrhunderts begann man, die Gebeine von Dinosauriern als das zu erkennen, was sie wirklich waren. Nachdem Mary Mantell 1822 die Zähne entdeckt hatte, die zur Ausgrabung von *Iguanodon* führten, fand und beschrieb im Jahre 1824 William Buckland, der Dekan der Universität Oxford, die Knochen des fleischfressenden *Megalosaurus,* den er richtig als »ein riesiges Reptil« identifizierte und benannte. Im Jahr 1842 prägte dann der britische Paläontologe Richard Owen für diese und andere ähnliche Überreste den Namen Dinosaurier – die »schrecklichen Reptilien«. Diese Bezeichnung ist heute nicht mehr wissenschaftlich anerkannt, doch das Wort »Dinosaurier« ist in den volkstümlichen Sprachgebrauch eingegangen.

Die Suche nach fossilen Reptilien wurde 1855 von Britannien in die USA verlegt, als dort Dr. Ferdinand Vandiveer Hayden *Paleoscincus* (S. 86), einen der gepanzerten Dinosaurier, entdeckte. *Hadrosaurus*, einer der Entenschnabel-Dinosaurier (S. 84), wurde 1858 von Joseph Leidy, einem Anatomen aus Philadelphia, ausgegraben.

Dann begannen zwei amerikanische Paläontologen, unabhängig voneinander, ernsthaft mit der Suche. Othiel Charles Marsh und Edward Drinker Cope waren beide reich und stellten große Arbeitsgruppen auf, um den Kontinent nach Überresten von Dinosauriern zu durchsuchen. Das Ergebnis war, daß zu Beginn des 20. Jahrhunderts viele amerikanische Museen hervorragende Sammlungen fossiler Skelette besaßen.

Othiel Charles Marsh (1851–1899) wurde in Lockwood im Staat New York geboren. Er wurde Professor an der Yale-Universität und Paläontologe am Amt für geologische Landesaufnahme. Auf seinen Expeditionen grub er 80 neue Dinosaurierarten aus.

Der Brennpunkt der Entdeckungen verlagerte sich später nach Kanada, wo 1910 der »Fossilienjäger« Bernum Brown vom amerikanischen Museum für Naturgeschichte die Fundstätte am Red Deer River in Alberta entdeckte.

Auch Afrika wurde zu einem ergiebigen »Jagdgrund« für fossile Reptilien. Schon nach 1860 wurden Prosauropoda, Ahnen der Dinosaurier, in Südafrika gefunden. Die Säugetierähnlichen Reptilien aus dem Perm wurden nach 1900 von Robert Brown, einem aus Schottland eingewanderten Paläontologen, eingehend erforscht. Die großartigsten Funde auf diesem Kontinent kamen aus Tendaguru im heutigen Tansania. Zwischen 1909 und 1929 gruben deutsche und britische Expeditionen dort Dinosaurier aus dem Jura aus. Sehr oft werden die am besten erhaltenen fossilen Tiere an den unwirtlichsten Plätzen gefunden, so etwa in der riesigen lebensfeindlichen Wüste Gobi in Zentralasien. Dort entdeckte 1922 eine Expedition des Amerikanischen Museums für Naturgeschichte fossile Gebeine. Leiter des Unternehmens war Roy Chapman Andrews. Seine vier späteren Expeditionen förderten Knochen und Nester von *Protoceratops*, einem kleinen Horndinosaurier, zutage, ebenso die von kleinen fleischfressenden Dinosauriern, die sie erbeuteten. Seit den vierziger Jahren haben russische Expeditionen in der Mongolei riesige »Friedhöfe« von Dinosauriern der Kreidezeit entdeckt. Weiter südlich in China kam es Anfang des 20. Jahrhunderts zu einer Reihe von Funden. Seit 1950 und besonders in den siebziger Jahren hat man reichlich Überreste von Dinosauriern entdeckt. Dazu gehören, hauptsächlich in den Provinzen Schantung und Szetschuan, die größten bisher bekannten Entenschnabel-Dinosaurier und Sauropoden mit extrem langem Hals.

Südamerika und Australien haben ebenfalls die Überreste fossiler Reptilien geliefert. Diese Funde sind auch deshalb so nützlich, weil sie zeigen, wie sich die Stellung der Kontinente zueinander verändert hat.

Seit den sechziger Jahren wurde vor allem in den USA eine ergiebige Forschungsarbeit auf diesem Gebiet geleistet. Neue Formen von Reptilien wurden ausgegraben, von denen man sich in der Anfangszeit dieser Wissenschaft nicht hätte träumen lassen. Dazu gehören auch der flinke *Deinonychus* (S. 76), den man 1964 entdeckt hat, und

Edward Drinker Cope (1840–1897) wurde in Philadelphia geboren und studierte dort. Er konkurrierte ganz offen mit Marsh und entdeckte 56 neue Dinosaurierarten.

der riesige Pterosaurier *Quetzalcoatlus,* der 1971 gefunden wurde. Weitere Entdeckungen werfen auch ein Licht auf die Lebensweise dieser uralten Reptilien. So hat man etwa 1979 in Montana Hydrosaurier-Nester ausgegraben, die zeigten, daß die Tiere in ausgedehnten »Brutkolonien« lebten und die Jungen noch einige Zeit nach der Geburt versorgten.

Noch aufregender als das Studium und die Beschreibung der Überreste sind neue Forschungsarbeiten darüber, wie sich bei den Reptilien vergangener Zeiten physiologische Vorgänge abgespielt haben könnten. Das größte Aufsehen erreg-

te Anfang der siebziger Jahre die Annahme, daß die Dinosaurier die Körpertemperatur dadurch regelten, daß sie sehr viel Futter zu sich nahmen und wie die Säugetiere und Vögel einen sehr lebhaften Stoffwechsel hatten. Der Beweis dafür stammte weitgehend aus Studien der Populationen. Dabei versuchte man in einem bestimmten Gebiet, das Zahlenverhältnis von fleischfressenden zu pflanzenfressenden Dinosauriern festzustellen. Demnach wäre eine größere Anzahl von Pflanzenfressern nötig, um statt eines »wechselwarmen« Tieres einen »warmblütigen« Fleischfresser zu ernähren. Solche Forschungsarbeiten

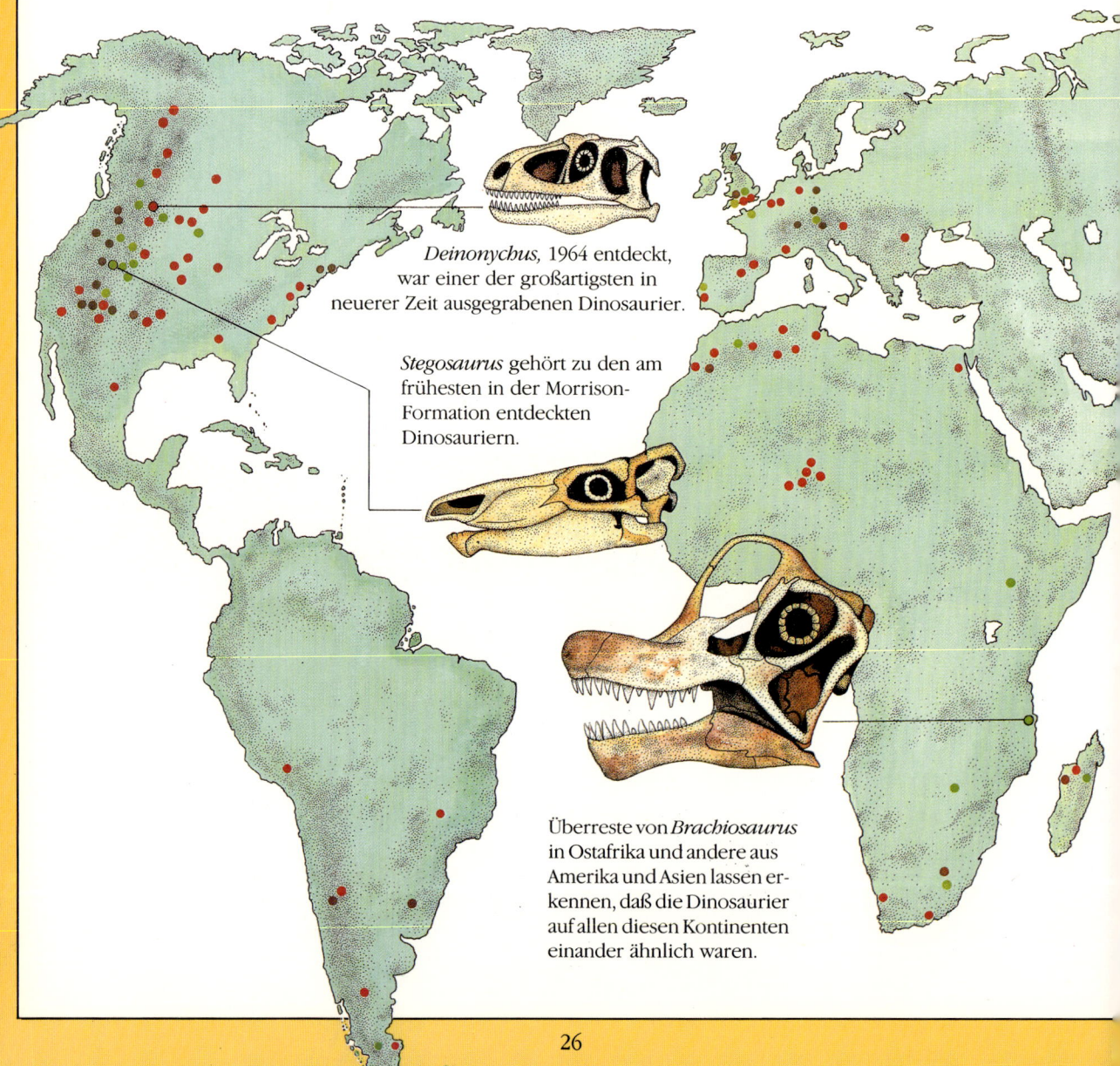

Deinonychus, 1964 entdeckt, war einer der großartigsten in neuerer Zeit ausgegrabenen Dinosaurier.

Stegosaurus gehört zu den am frühesten in der Morrison-Formation entdeckten Dinosauriern.

Überreste von *Brachiosaurus* in Ostafrika und andere aus Amerika und Asien lassen erkennen, daß die Dinosaurier auf allen diesen Kontinenten einander ähnlich waren.

können aber nur annähernde Werte ergeben. Denn die Zahl der gefundenen Überreste von Dinosauriern ist nicht identisch mit der einst vorhandenen Menge und spiegelt daher nicht das Zahlenverhältnis von Tierbeständen wider, die seinerzeit wirklich gelebt haben.

Bei einer weiteren, lang diskutierten Streitfrage geht es um das Aussterben der Dinosaurier. Als man mit der Erforschung begann, gab man großen Katastrophen die Schuld daran. Dazu zählten die Auffaltung von Gebirgen, verbreitete Ausbrüche von Vulkanen und große Überschwemmungen. Dann bevorzugte man einen allmählichen Prozeß des Aussterbens. Als Gründe dafür gab man die Veränderungen in der Pflanzenwelt und im Klima und die Bewegungen der Kontinente an. Plötzlich kamen Anfang der achtziger Jahre wieder Katastrophen in Mode. Mineralogische Analysen der obersten Ablagerungen der Kreidezeit und der untersten des nachfolgenden Alttertiärs (= Paläogen) legten den Gedanken nahe, daß damals ein Meteor die Erde massiv getroffen hatte. Ein solcher Aufschlag hätte Staubwolken hochgewirbelt, die für mehrere Jahre das Sonnenlicht von der Erde fernhielten und für die Pflanzenwelt tödlich waren.

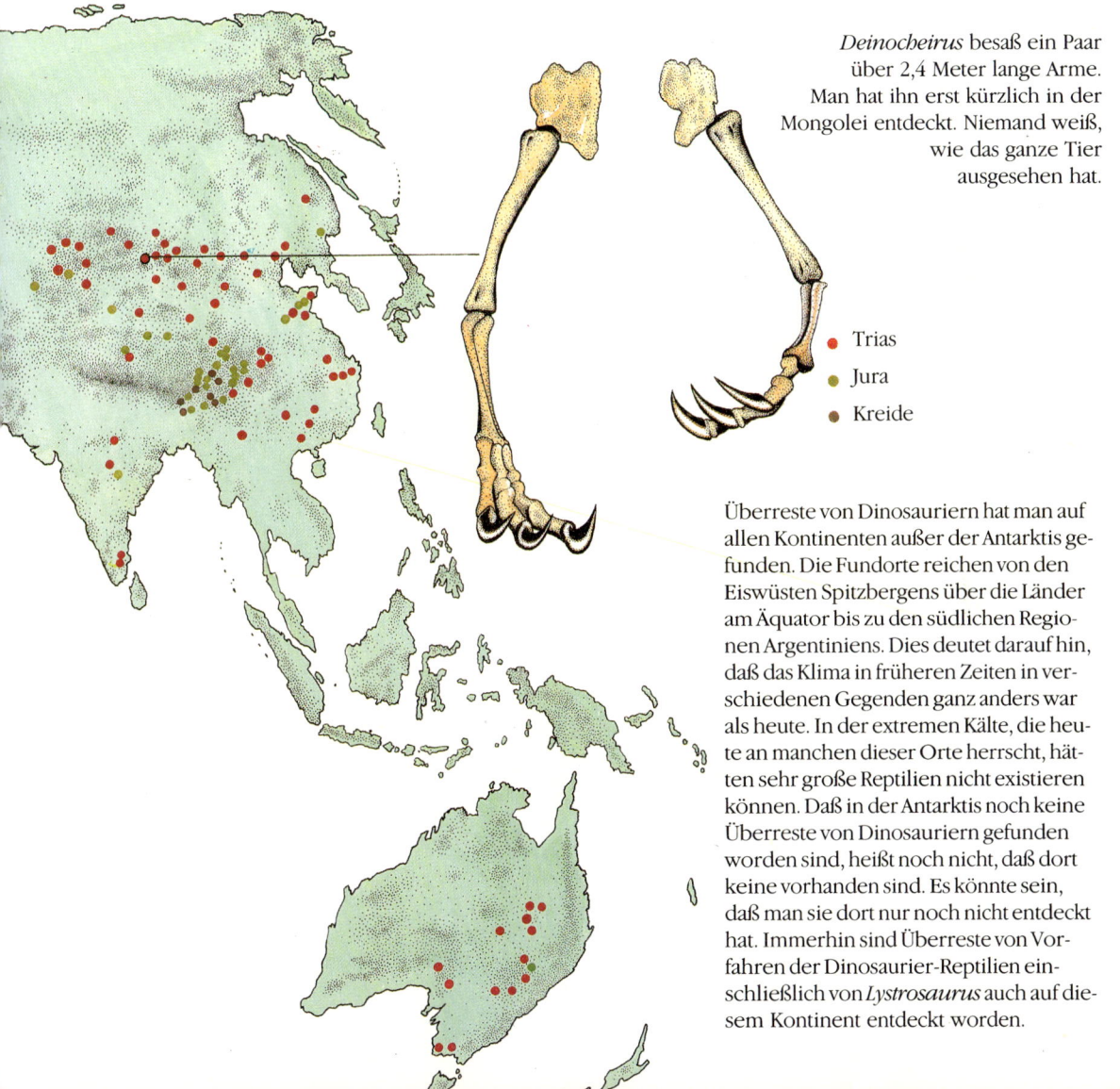

Deinocheirus besaß ein Paar über 2,4 Meter lange Arme. Man hat ihn erst kürzlich in der Mongolei entdeckt. Niemand weiß, wie das ganze Tier ausgesehen hat.

- Trias
- Jura
- Kreide

Überreste von Dinosauriern hat man auf allen Kontinenten außer der Antarktis gefunden. Die Fundorte reichen von den Eiswüsten Spitzbergens über die Länder am Äquator bis zu den südlichen Regionen Argentiniens. Dies deutet darauf hin, daß das Klima in früheren Zeiten in verschiedenen Gegenden ganz anders war als heute. In der extremen Kälte, die heute an manchen dieser Orte herrscht, hätten sehr große Reptilien nicht existieren können. Daß in der Antarktis noch keine Überreste von Dinosauriern gefunden worden sind, heißt noch nicht, daß dort keine vorhanden sind. Es könnte sein, daß man sie dort nur noch nicht entdeckt hat. Immerhin sind Überreste von Vorfahren der Dinosaurier-Reptilien einschließlich von *Lystrosaurus* auch auf diesem Kontinent entdeckt worden.

Dinosaurierkunde

Die ersten ernsthaften Versuche, das Studium fossiler Tiere der breiten Öffentlichkeit verständlich zu machen, unternahm man 1854. In diesem Jahr wurde der Crystal Palace endgültig auf seinen Platz in Sydenham südlich von London verlegt. Das geschah nach der »Großen Ausstellung« von 1851, für die das Gebäude aus Stahl und Glas errichtet worden war. Prinz Albert schlug als erster vor, die Parklandschaft mit Statuen ausgestorbener Tiere zu bevölkern. Der Bildhauer Waterhouse Hawkins wurde beauftragt, eine Anzahl von Skulpturen von *Iguanodon* und *Megalosaurus* anzufertigen, außerdem von mehreren anderen schwimmenden und fliegenden Reptilien, die man in Britannien gefunden hatte. Sie sollten in Lebensgröße aus Backsteinen aufgebaut und mit Gipsmörtel umkleidet in einer lebensnahen Pose aufgestellt werden. Nach heutigen Maßstäben waren die so entstandenen Tierstatuen hoffnungslos ungenau, aber es war ein sinnvoller Versuch. Ihr altertümlicher Charme lockt noch immer Touristen in den Park.

Waterhouse Hawkins ging 1868 in die USA und nahm einen Auftrag an, ähnliche Statuen für den Central Park in New York zu schaffen. Sie sollten sich auf die Forschungsarbeiten von Joseph Leidy stützen. Nach drei Jahren Arbeit wurde das Projekt jedoch aufgegeben.

Um die Jahrhundertwende hatten die Naturwissenschaftler bereits eine viel genauere Vorstellung vom Aussehen ausgestorbener Tiere als zur Zeit von Waterhouse Hawkins. Dennoch blieben Illustrationen in Lehrbüchern bis in die fünfziger Jahre meist sehr phantasielos. Mit monotoner Regelmäßigkeit tauchten immer wieder die gleichen Tiere auf: *Tyrannosaurus, Diplodocus, Apatosaurus* (damals noch *Brontosaurus* genannt), *Stegosaurus, Triceratops* und noch ein oder zwei andere. Für gewöhnlich waren sie in den gleichen lebensfernen Posen abgebildet oder Reproduktionen der Wandgemälde, die in den zwanziger Jahren von dem Maler Charles R. Knight für

das Naturgeschichte-Museum in Chicago ausgeführt worden waren. Anderes Anschauungsmaterial bestand in Photographien von Skulpturen, die der Bildhauer A. Pallenberg auf dem Gelände des Zoos von Carl Hagenbeck in Hamburg nach 1900 aufgestellt hatte. Diese Tierstatuen waren sehr viel genauer als die von Waterhouse Hawkins. Der erfolgreiche, 1933 gedrehte Film »King Kong« bediente sich wiederum der gleichen wenigen Kreaturen. Es sah aus, als sei die Paläontologie, nachdem Cope und Marsh ihre gründliche Arbeit beendet hatten, völlig zum Stillstand gekommen.

Doch in den fünfziger und sechziger Jahren nahmen die paläontologische Forschung und das Interesse der Öffentlichkeit daran unvermutet einen Aufschwung. Das erneute allgemeine Interesse führte zu einer Flut von Büchern, die mit so schlecht ausgeführten »Kunstwerken« illustriert waren, daß man sich nach der Rückkehr eines Charles R. Knight sehnte. »Dinosaurierparks« wurden mit Gebilden ausgestattet, die aus Glasfasermodellen bestanden und im Vergleich zu den von Bomben zerstörten Tierfiguren im Hamburger Zoo absurd aussahen. Viele Filme wurden gedreht, die das ganze Forschungsgebiet zum Gespött machten und geradezu beleidigend für den Wissensstand der Zuschauer waren.

Heute scheinen wir diese Periode überwunden zu haben. Eine neue Generation von Künstlern wächst heran, die fossile Tiere abbilden, und besser illustrierte Bücher werden veröffentlicht. Die in neuerer Zeit entdeckten Tiere werden beschrieben und »porträtiert«.

In diesem Buch hat Jane Burton eine umfassende Reihe von ausgestorbenen Reptilien in Photomontagen dargestellt. Die Tiere sind in rekonstruierten Situationen abgebildet, die genau ihren damaligen Lebensumständen entsprechen. Jedes außerordentlich gute Bild gewährt uns Einblick in das Zeitalter der Dinosaurier, wie es einst *wirklich* war.

DIE BILDER

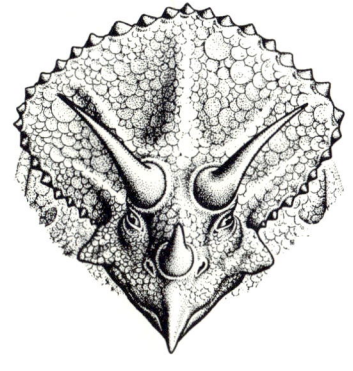

Hylonomus

Im Wald des Karbon ist es ganz still. Riesige baumartige Bärlappe stehen hier und breiten ihre Wurzeln im seichten Wasser und Schlamm aus. Die grünen Stämme verlieren sich im Dunkel der anscheinend unendlichen Weite des morastigen Sumpflandes. Nur wenige Sonnenstrahlen sickern durch das Walddach, und ihre flirrenden, schräg einfallenden Pfeile malen helle Tupfen auf den Schlamm und den Unterwuchs. Wo der dicke Schlick und die vermodernden Pflanzenreste über die Wasseroberfläche aufsteigen, breitet sich auf ihnen eine wuchernde Bodenvegetation von Farnen und kriechenden Schachtelhalmen aus. Hier und da liegt ein umgestürzter Baumstamm im Wasser, eingebettet in die verfaulenden Pflanzenreste, aus denen dereinst Kohle entstehen wird. Die hohlen Stümpfe abgeknickter Bäume zerfallen nur langsam. In einem solchen hohlen Baumstumpf regt sich etwas. Ein eidechsenähnlicher Kopf taucht auf und späht umher. Dann kriecht das ganze Tier, ein *Hylonomus*, aus dem Moos heraus, schnappt nach einer kleinen Schabe und verschlingt sie, nachdem er sie mit den scharfen Zähnen zerbissen hat.

Hylonomus war eines der ersten Reptilien. Er glich im Aussehen noch seinen Ahnen, den Amphibien. Aber sein Skelett hatte sich bereits tiefgreifend verändert. Der Schädel war robuster gebaut als der eines Amphibiums, und auch Schulter- wie Beckengürtel waren viel kräftiger ausgebildet. Anders als die Amphibien besaß *Hylonomus* keine feuchte Haut. Am entscheidendsten hatte sich jedoch die Fortpflanzung geändert. Amphibien legen Eier in das Wasser, aus denen wasserbewohnende Larven, die Kaulquappen, schlüpfen, aus denen sich erst später erwachsene Tiere entwickeln, die das Wasser verlassen können. *Hylonomus* legte dagegen die Eier auf dem trockenen Land ab, und diese hatten eine lederartige Schutzhülle, unter der die Jungen sozusagen in ihrem eigenen »Weiher« heranwachsen konnten. Wenn sie aus den Eiern schlüpften, waren sie bereits imstande, auf dem trockenen Land zu existieren.

HYLONOMUS	Länge: 0,9 Meter
Fossilien: In der Joggins-Formation an der Basis des Oberen Karbon gefunden	
Fundort: Nova Scotia (Kanada)	
Ordnung: Cotylosauria Unterordnung: Captorhynomorpha Familie: Romeriidae	

Das Skelett von *Hylonomus* zeigt eine der heutigen Eidechse sehr ähnliche Gestalt.

Edaphosaurus war charakteristisch für
die pflanzenfressenden Pelycosaurier
des Perm. Er lebte zur gleichen Zeit wie
Dimetrodon und war ungefähr ebenso groß.

Dimetrodon

280 Millionen Jahre vor dem Erscheinen des Menschen gab es im Perm zahlreiche Wüsten. Das Klima änderte sich ständig. Die dichten Wälder des Karbon, die noch vor wenigen Jahrmillionen existierten, haben sich in trockene Ebenen verwandelt. Niederschläge fallen sehr spärlich, Wasserläufe und Seen trocknen aus. Die großen Amphibien sterben aus, und die Reptilien verbreiten sich über die ganze Welt. Auf einem Sandhügel räkelt sich im Dunst des frühen Morgens *Dimetrodon*, ein eidechsenähnliches Geschöpf mit einem seltsamen »Rückensegel«. Die Morgensonne trifft auf die Oberfläche dieses »Segels« und erwärmt die darin enthaltenen Blutgefäße, die ihre Wärme an den übrigen Körper des Tieres abgeben. Eine Stunde nach Sonnenaufgang wird *Dimetrodon* so aktiv sein, daß es auf Futtersuche gehen kann. *Dimetrodon* ist wie die meisten seiner Zeitgenossen ein Fleischfresser. Auch andere Reptilien besitzen wärmespeichernde »Segel«. Wie *Dimetrodon* liegen sie der Sonne so zugewandt, daß sie deren wärmende Strahlen auffangen können. Bald werden auch sie in den verstreuten Farnbüscheln und Schachtelhalmen nach Nahrung suchen. Andere Tiere ohne ein solches Segel sind um diese Stunde noch kalt und träge; sie sind eine ideale Beute für *Dimetrodon*.

Dimetrodon und die anderen Reptilien mit einem »Rückensegel« wie der pflanzenfressende *Edaphosaurus* gehören zu der Gruppe der Pelycosaurier. Wahrscheinlich waren sie das erste Stadium in der Evolution der Reptilien zu Säugetieren. Verglichen mit den Säugetierähnlichen Reptilien, die sich erst später entwickeln sollten, wiesen sie nur wenige säugetierähnliche Merkmale auf. Unter ihnen besaßen die fleischfressenden Pelycosaurier allerdings ähnlich wie die Säugetiere lange Vorderzähne und kürzere Backenzähne.

Das »Segel« war sehr wahrscheinlich ein Frühstadium in der Entwicklung zur »Warmblütigkeit«. Es befähigte die Tiere, ihre Innentemperatur zu regulieren und so längere Zeit aktiv zu bleiben. Dieses »Segel« wurde von Dornfortsätzen der Rückenwirbel gestützt. Die Pelycosaurier waren zu Beginn des Perm die höchstentwickelten und zahlreichsten Landtiere. Aber es sollten noch vorteilhafter ausgestattete und großartigere Geschöpfe auf sie folgen.

DIMETRODON	Länge: 3,3 Meter
Fossilien: im Rotliegenden des Unteren Perm gefunden	
Fundorte: Texas und Oklahoma	
Ordnung: Pelycosauria	Unterordnung: Sphenacodontia

Lycaenops

Die träge dahinströmenden Flüsse, die im Oberen Perm ihren gewundenen Lauf über das riesige ausgetrocknete Innere von Gondwanaland nehmen, bieten willkommene Tränken für die Tiere, die über das Hochland wandern. Eines davon ist *Pareiasaurus*, ein plumpes, pflanzenfressendes Reptil mit einem ungewöhnlichen, von Knochenhöckern bedeckten Kopf. Nachdem das Reptil sich satt getrunken hat, macht es kehrt und klettert am Ufer auf eine Stelle zu, wo sukkulente Farne wachsen. Plötzlich steht es einem *Lycaenops* gegenüber. Das kleinere Säugetierähnliche Reptil ist genauso verdutzt wie *Pareiasaurus*. Einen Augenblick lang beäugen sich beide, bis *Lycaenops* in weiten Sprüngen davoneilt. Von dem großen Pflanzenfresser hat er nichts zu fürchten, wäre er hungrig, könnte er ihn sogar töten.

Lycaenops war eines der älteren Säugetierähnlichen Reptilien. Während *Pareiasaurus* die für Reptilien typische Anordnung der Beine zeigt, deren beide Paare seitlich vom Körper ausgehen, der zwischen ihnen sozusagen aufgehängt ist, erinnert *Lycaenops* in Aussehen und Körperbau an einen Hund. Seine Beine tragen den Körper von unten her, außerdem unterscheidet er sich von anderen Reptilien durch seine langen vorderen Reißzähne und mahlenden Backenzähne. Diese fortschrittlicheren Merkmale machten die Säugetierähnlichen Reptilien zu den mächtigsten und aktivsten Fleischfressern jener Zeit. Sie bildeten eine Gruppe von Tieren, deren Größe von wenigen Zentimetern bis zu den Ausmaßen einer Kuh reichte. Die größeren Tiere waren meist Pflanzenfresser, die kleineren aktive Jäger. Spätere Formen glichen immer mehr Säugetieren, doch im Perm waren auch die primitiveren Arten so weit entwickelt, daß sie die Erde beherrschten. Die Thecodontier, die Ahnen der Dinosaurier, waren damals noch eine sehr unbedeutende Gruppe.

LYCAENOPS	Länge: etwas über 0,9 Meter	
Fossilien: in Beaufort-Sandsteinen aus dem Oberen Perm gefunden		
Fundort: Südafrika		
Ordnung: Therapsida	Unterordnung: Theridontia	Familie: Gorgonopsidae

Bei den Säugetierähnlichen Reptilien (1) trugen gerade Beine das Gewicht des Körpers, den sie von unten her stützten. Dagegen hat ein typisches Reptil (2) Beine, die seitlich ansetzen und den Körper nur ungenügend tragen können.

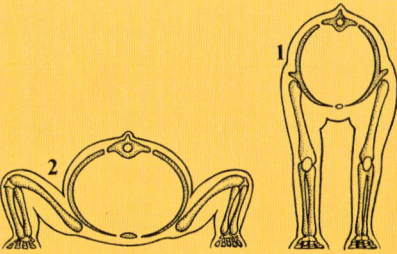

Das Skelett von *Cynognathus* ähnelt besonders in Zähnen und Gliedmaßen dem der Hunde.

Cynognathus

Eines der Säugetierähnlichsten Reptilien, der Hundszahnsaurier *Cynognathus*, hat ein pflanzenfressendes Tier gejagt und erlegt. Seine Jungen sind in der Nähe des Baus geblieben und haben sich am heißen Nachmittag im Schatten eines Nadelbaums gelagert. Ringsum brennt in der Unteren Trias die Sonne unbarmherzig auf Gondwanaland hinab. Gegen Abend ist der alte *Cynognathus* zurückgekehrt, um die Jungen zu füttern. Sein Magen und Maul sind mit Fleisch gefüllt, das er nun für seinen Nachwuchs herauswürgt. Nach der Mahlzeit drängen sich die Jungen immer noch um die Eltern, stupsen deren Schnauzen an und erhoffen sich noch mehr Futter. Es wird noch eine Weile dauern, ehe sie alt genug sind, um für sich selbst sorgen zu können.

Die höher entwickelten Säugetierähnlichen Reptilien waren behaart. Ihre Schädel weisen kleine Vertiefungen auf, aus denen Bart- oder Schnurrhaare gewachsen sein müssen. Wahrscheinlich haben sie wie die Säugetiere ihre Jungen gesäugt, denn diese wurden nicht mit einem vollständigen Gebiß geboren und brauchten daher, solange sie klein waren, Muttermilch. Diese Geschöpfe waren vermutlich schon warmblütig. Darauf deuten das Haarkleid und das Vorhandensein eines Gaumens hin. Diese Knochenplatte, die das Innere des Mundes von den Nasenöffnungen trennt, ermöglicht dem Tier, gleichzeitig zu fressen *und* zu atmen. Das ist ein Merkmal warmblütiger Tiere, die viel Futter, aber auch eine ständige Versorgung mit Sauerstoff brauchen. Wie bei den heutigen Säugetieren waren die Gebisse dieser Fleischfresser mit vorderen Schneidezähnen, einem Paar Reißzähnen und mit vorderen und rückwärtigen scharf mahlenden Backenzähnen ausgestattet.
Die Anordnung der Gliedmaßen entsprach der eines Säugetiers (S. 35). Daß diese Tiere trotz der vielen säugetierähnlichen Merkmale weiterhin als Reptilien klassifiziert werden, liegt an der Verankerung der Kiefer. Sie war immer noch sehr primitiv und charakteristisch für Reptilien. Der Bau des Kiefers wies eine Anzahl Knochen auf, die bei Säugetieren zu winzigen Bestandteilen des Ohrs geworden sind. Deshalb waren auch die Ohren der Säugetierähnlichen Reptilien sehr primitiv. Auch die höher entwickelten Säugetierähnlichen Reptilien legten wahrscheinlich noch Eier. Von diesem Stadium der Evolution war es nur noch ein ganz kleiner Schritt zu den echten Säugetieren, der dann in der Trias erfolgte.

CYNOGNATHUS		Länge: 2 Meter
Fossilien: in Gesteinen der Unteren und Mittleren Trias gefunden		
Fundort: südafrikanische Karru		
Ordnung: Therapsida	Unterordnung: Theriodontia	Familie: Cynodontidae

Lystrosaurus

Vom Wasser aufwärtsgetragen, paddelt in der frühen Trias irgendwo im südlichen Superkontinent Gondwanaland ein plumper *Lystrosaurus* über den Grund eines Flusses. Sobald er das andere Ufer erreicht hat, wird er langsam inmitten von Wasserpflanzen so auftauchen, daß für einen Augenblick nur die Nüstern und die Augen zu sehen sind. Erst als er sich vergewissert hat, daß keine Gefahr droht, wird er damit beginnen, im seichten Wasser die Pflanzen abzuweiden.

Lystrosaurus war eines der höchstspezialisierten Reptilien. Wie heute das Flußpferd, war er an ein amphibisches Dasein teils im Wasser, teils an Land angepaßt. Der tonnenförmige Körper wurde unter Wasser geschickt von Gliedmaßen voranbewegt, die ihn auch an Land trugen. Die dicht nebeneinanderliegenden Augen und die Nüstern lagen ganz oben auf dem Kopf und befähigten das Tier, gleichzeitig zu atmen und umherzuspähen, während es fast ganz untergetaucht blieb. Ein Paar vom Oberkiefer aus abwärts gerichtete Stoßzähne halfen ihm, die Pflanzen, von denen es sich ernährte, aus dem Schlamm zu reißen. Solche Stoßzähne sind charakteristisch für die säugetierähnlichen Dicynodontier oder Zweizahnsaurier, die trotz ihres hundeartigen Gebisses alle Pflanzenfresser waren. Der zu ihnen gehörende *Lystrosaurus* ernährte sich von den wenigen noch übriggebliebenen Samenfarnen der Gattung *Glossopteris*, die einst in Gondwanaland sehr verbreitet waren.

LYSTROSAURUS	Länge: 0,9 Meter	Schulterhöhe: rund 50 Zentimeter
Fossilien: in Süßwasserablagerungen der Unteren Trias		
Fundorte: Südafrika, Indien, Antarktis		
Unterklasse: Synapsida		Ordnung: Dicynodontia

Überreste von *Lystrosaurus* und Glossopteris hat man in so verschiedenen Gegenden gefunden wie in Südafrika, Indien und der Antarktis. Offensichtlich waren diese Gebiete einst zum Kontinent Gondwanaland vereint.

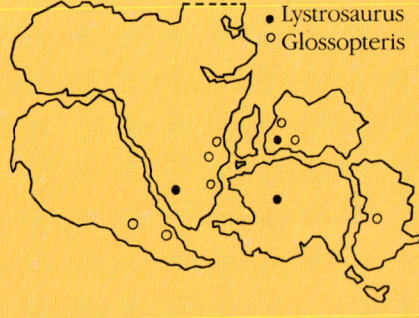

• Lystrosaurus
○ Glossopteris

Die langen Hinterbeine und der Schwanz machten *Proterosuchus* zu einem erfolgreichen Wasserbewohner; und sie sorgten dafür, daß sich seine Nachfahren, die Dinosaurier, dann auf zwei Beinen vorwärtsbewegen konnten.

Proterosuchus

Beunruhigt durch einen *Lystrosaurus,* der durch den träge dahinströmenden Fluß paddelt, schwimmt ein Stör mit schnellen Schlägen des langen Leibes in die Mitte des Stroms. Plötzlich taucht die schuppige Gestalt von *Proterosuchus* – einem Altwurzelzähner – aus dem trübe wirbelnden Schlick auf, und die lange Schnauze schnappt nach dem überraschten Stör. Von einer Reihe scharfer Zähne gepackt, hat der Fisch keine Chance zu entkommen. *Proterosuchus* schwingt den abgeflachten Schwanz herum, stößt sich mit den kräftigen Hinterbeinen ab, um an die Oberfläche zu gelangen, wo er die Beute ungestört verspeisen kann.

Proterosuchus gehörte zu den Archosauriern, der zweitgrößten Reptiliengruppe, die vor 225 Millionen Jahren in der Unteren Trias lebte. Während die Säugetierähnlichen Reptilien zu den dominierenden Landbewohnern wurden, zogen die Archosaurier das Wasser als Lebensraum vor, in dem schon ihre Ahnen, die Amphibien, umhergestreift waren. Die Ähnlichkeit mit den heutigen Krokodilen ist mehr als nur Zufall. Die langen Kiefer, der langgestreckte Körper mit dem kraftvollen, abgeflachten Schwanz waren dem Dasein im Wasser und den dort lebenden Beutetieren gut angepaßt. Die Krokodile sind direkte Nachkommen der Archosaurier.

Als in der Trias die Säugetierähnlichen Reptilien ausstarben, und als ihre Nachfahren, die damals noch ganz unbedeutenden Säugetiere, entstanden, verließen die Archosaurier das Wasser.

Die meisten von ihnen wurden zu ausgesprochenen Landbewohnern. Die zwei langen Hinterbeine erleichterten es ihnen, sich aufzurichten, wobei Körper und Kopf durch den langen steifen Schwanz im Gleichgewicht gehalten wurden. Von diesen Nachkommen von *Proterosuchus*, den Thecodontiern oder Urwurzelzähnern, stammen die auf zwei Beinen gehenden ältesten Dinosaurier ab. Zu den anderen Nachfahren der Archosaurier gehörten die Pterosaurier, die sich einem Leben als Flugtiere angepaßt hatten, aber auch die Krokodile, die wie ihre Ahnen im Wasser lebten – und das so erfolgreich, daß sie bis heute unverändert geblieben sind.

PROTEROSUCHUS	Länge: 1,5 Meter
Fossilien: in Süßwasserablagerungen aus der Unteren Trias gefunden	
Fundort: Afrika	
Ordnung: Thecodontia	Unterordnung: Proterosuchia

Podopteryx und Longisquama

Vom Stamm eines hohen Baumfarns schwingt sich ein kleiner *Podopteryx* in die Luft. Er breitet die Gliedmaßen aus und verwandelt sich plötzlich aus einer gewöhnlichen, auf einem Baum kletternden Echse in ein durch die Luft schwebendes Geschöpf. Mit einer zwischen den Hinterbeinen, dem Schwanz und den Flanken ausgebreiteten Haut fängt er Luftströmungen auf und gleitet auf die niedrigeren Zweige eines Nadelbaums zu. Aber dort sitzt bereits *Longisquama*, ein anderer eidechsenähnlicher Baumbewohner. *Longisquama* stellt den Rükkenkamm aus verlängerten Schuppen als Warnsignal auf und veranlaßt so *Podopteryx*, sich einen anderen Landeplatz zu suchen.

Diese beiden Reptile waren Thecodontier, die in den bewaldeten Tiefebenen der südöstlichen Ecke des Superkontinents Laurasia an den Ufern des Tethys-Ozeans lebten. *Podopteryx* könnte ein Ahne der Pterosaurier gewesen sein, deren Flughäute ebenfalls an Hinterbeinen und Schwanz befestigt waren. Diese Art der Befestigung der Flughaut ermöglichte allerdings eher ein Gleiten als ein richtiges Fliegen. Die späteren Pterosaurier hatten die Flugmembran an den verlängerten Vorderbeinen befestigt und konnten so ihre Bewegungen besser steuern.

Longisquama vertritt eine ganz andere Entwicklungslinie. Ihr Hauptmerkmal war der aufrichtbare Kamm aus verlängerten Schuppen. Er konnte entlang dem Rücken zusammengefaltet werden, wenn das Tier ruhte. Der übrige Körper war mit überlappenden, stark gekielten Schuppen bedeckt. Man nimmt an, daß diese spezialisierten Schuppen ein Frühstadium in der Entwicklung der Federn darstellen und sich daher diese Linie möglicherweise zu den Vögeln weiterentwickelt hat.

PODOPTERYX	LONGISQUAMA
Länge: 30 Zentimeter	Länge: 15 Zentimeter
Fossilien: in Seeablagerungen der Mittleren Trias gefunden	Fundort: Osch im sowjetischen Kirgistan
Ordnung: Thecodontia	Unterordnung: Pseudosuchia

Ein weiteres Flugexperiment
von Reptilien fand in der
späten Trias in Europa statt.
Dort glitt *Kuehneosaurus*
auf Schwingen durch die Luft,
die von verlängerten Rippen
gestützt wurden.

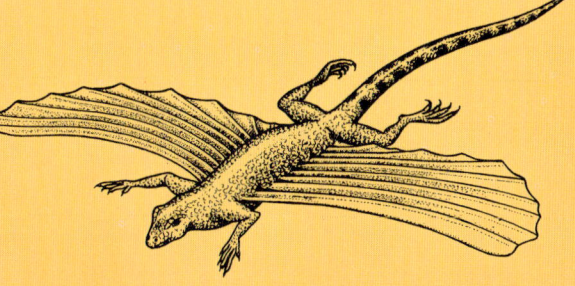

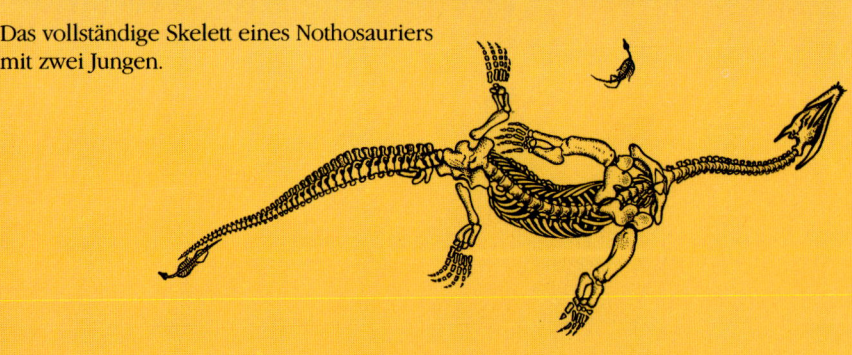

Das vollständige Skelett eines Nothosauriers
mit zwei Jungen.

Nothosaurus
und
Tanystropheus

Ein heftiger Windstoß fegt über das Binnenmeer, das sich in der Mittleren Trias über Mitteleuropa erstreckt. Die Wellen, die er verursacht hat, breiten sich über das Meer aus und rollen donnernd gegen die Felsen einer Inselkette. Meeresreptilien drängen sich rauflustig auf den Steinen zusammen. Die Fischfresser warten darauf, daß sich das aufgewühlte Meer beruhigt und ihre Nahrung wieder näher ans Ufer kommt. Einige Nothosaurier sitzen auf den Steinen, um ihre von der jähen Dusche abgekühlten Körper in der bald wieder durch die Wolken brechenden Sonne zu erwärmen. Eine Gruppe von *Tanystropheus*-Sauriern reckt ihre langen Hälse – deretwegen sie auch Giraffenhalsechsen heißen. Sie beobachten zwei Nothosaurier, die mit aufgerissenem Maul aufeinander losgehen.

Die Skelette dieser und anderer mehr eidechsenähnlicher Geschöpfe hat man in Ablagerungen der Mittleren Trias in Meereshöhlen gefunden. Die Bastardsaurier, zu denen *Nothosaurus* gehört, waren schwimmende Reptilien mit langen Zähnen. Sie sind die Ahnen der Plesiosaurier und waren eine weit verbreitete Gruppe, deren Vertreter Längen von 30 Zentimetern bis 6 Metern erreichten. Sie waren eine der ersten Reptilien, deren Körper sich dem Leben im Meer angepaßt hatten. Die Spezialisierung bestand darin, daß die Füße zu Paddeln wurden, sich eine Schwanzflosse bildete und sich das Gebiß dem Fischfang anpaßte. Der lange Hals von *Tanystropheus* verwirrte die Paläontologen. Zuerst wurden nur die Halswirbel entdeckt, und die waren so lang, daß man sie für Knochen von Gliedmaßen hielt. Erst als man ein vollständiges Skelett fand, zeigte es sich, daß es sich um eine Echse mit einem fast 3 Meter langen Hals handelte. Wahrscheinlich half er *Tanystropheus*, die Fische in den Felstümpeln zu erbeuten.

NOTHOSAURUS	Länge: 3 Meter
Fossilien: weit verbreitet um das Gebiet des Tethys-Ozeans sowie in den umgebenden Schelfgebieten und Buchten	
Fundorte: England, die Niederlande, Schweiz, Polen, Deutschland, Tunesien, Israel, Jordanien, Indien, Japan und China	
Ordnung: Sauropterygia	Unterordnung: Nothosauria
TANYSTROPHEUS	Länge: rund 4 Meter
Fossilien: in Ablagerungen der Mittleren Trias	
Fundort: südwestliches Polen	Ordnung: Proterosauria

Saltopus

Es ist eine kühle Wüstennacht der Trias. Im ausgedörrten Hochland, in der Gegend, wo heute Schottland liegt, hüpft *Saltopus,* ein kleiner Dinosaurier, der wie ein federloses Huhn aussieht, durch die Ödnis. Immer wieder hält er inne und lauscht, ob sich etwas regt, das Futter verspricht. Und inmitten des unwegsamen Geländes huscht tatsächlich ein Lebewesen zwischen den Steinen, auf das *Saltopus* sich mit pfeilschnell vorgestrecktem Hals stürzt. Das zappelnde Opfer ist ein *Morganucodon*, ein kleines Säugetier. Vom Licht eines Blitzes geblendet, wird *Saltopus* unruhig und flüchtet, immer noch die wollige Beute im Maul, in die Nacht hinaus.

Saltopus war einer der kleinsten Dinosaurier. Er gehört zur Familie der Procompsognathidae, den ältesten und primitivsten fleischfressenden Dinosauriern. Im Aussehen glich er einigen seiner Ahnen, den auf zwei Beinen gehenden Thecodontiern. Doch sein Becken war viel fester in der Wirbelsäule verankert, es stützte dadurch die Hinterbeine und befähigte so das Tier, ausschließlich auf ihnen zu gehen. Die Vorderbeine blieben frei und konnten mit den fünf Fingern seiner Hände zupacken, allerdings waren der vierte und fünfte Finger winzig und praktisch nutzlos. Verwandte Arten entwickelten in der Regel nur noch drei Zehen und Finger.

Überreste der zu den Theropoden gehörenden Procompsognathidae hat man in Nordeuropa und im östlichen Nordamerika gefunden, die in der Oberen Trias zu einer Landmasse vereint waren. Öfter als Knochen und Skelette sind Reihen von Fußabdrücken vorhanden. Sie sind im Wüstensandstein zurückgeblieben, wenn die Tiere die Trockengebiete verließen und am Rand von Wasserlöchern und Binnenmeeren umherstreiften. Die dreizehigen Fußabdrücke erinnern auffallend an die von Vögeln, und als man sie in der ersten Hälfte des 19. Jahrhunderts entdeckte, hielt man sie auch dafür.

Morganucodon war eines der ältesten Säugetiere, die sich während der Trias entwickelten. Sie blieben während der 150 Millionen Jahre dauernden Herrschaft der Dinosaurier unspezialisierte kleine Insektenfresser, nicht unähnlich den heutigen Spitzmäusen.

SALTOPUS	Länge: 60 Zentimeter	Höhe an den Hüften: 20 Zentimeter
Fossilien: im Stagonolepis-Sandstein der Oberen Trias gefunden		
Fundort: Elgin in Schottland		
Ordnung: Saurischia Unterordnung: Therapoda Familie: Procompsognathidae		

Anfang des 19. Jahrhunderts wurden im Sandstein in Connecticut viele Fußabdrücke von Procompsognathiden aus der Trias gefunden, die man zunächst Vögeln zuschrieb.

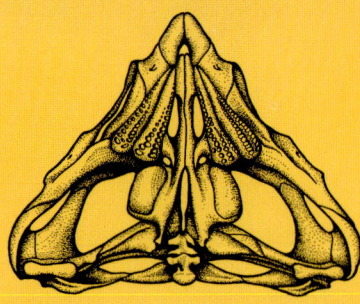

Die Unterseite des Schädels von *Hypero-dapedon* zeigt deutlich den Schnabel und die doppelte Reihe von Zähnen rückwärts im Kiefer.

Hyperodapedon

Sengend brennt in der Oberen Trias die Sonne auf das trockene Hochland des nördlichen Kontinents nieder. Hier und da bleiben eine Weile nach der Regenzeit in den Mulden und Tälern noch Tümpel stehen, um die herum Schachtelhalmbestände gedeihen. Inmitten der spärlichen Vegetation weidet ein *Hyperodapedon*-Paar. Es ist matt rötlichgelb gefärbt und im Sand und auf den gelblichen Steinen gut getarnt. Eines der beiden Tiere knabbert mit dem Krummschnabel Triebe ab und zerkaut sie mit den scherenartigen Zähnen rückwärts im Kiefer, schlingt sie dann in den tonnenförmigen Körper hinab, wo sie allmählich verdaut werden.

Hyperodapedon gehörte zur pflanzenfressenden Gruppe der Rhynchosaurier, die in der Trias eine kurze Blütezeit erlebten. Zu Beginn der Trias fing die Zahl der im Perm vorherrschenden Säugetierähnlichen Reptilien an zu schwinden. Möglicherweise wurden die Farne, von denen sie sich ernährten, durch immer neue Arten von Samenfarnen der Gattung *Glossopteris* verdrängt. Als die Säugetierähnlichen Reptilien ausstarben, vermehrten sich die Rhynchosaurier und wurden zu den häufigsten Pflanzenfressern. Gegen Ende der Trias veränderte sich die Vegetation erneut. An die Stelle der Samenfarne traten die Nadelbäume. Nun starben die Rhynchosaurier aus, und auf sie folgten die Dinosaurier, die Nachkommen der Archosaurier-Gruppe.

Bei *Hyperodapedon* haben sich die vorderen Knochen des Schädels zu einem Krummschnabel entwickelt. Die rückwärtigen Zähne standen im Oberkiefer in zwei Reihen, zwischen die eine Zahnreihe des Unterkiefers wie ein Taschenmesser in die Scheide einschnappte. Ein solches Gebiß muß hervorragend dafür geeignet gewesen sein, Pflanzen abzuknipsen und zu zerkleinern. Der tiefhängende Rumpf enthielt sicher ein umfangreiches Verdauungssystem, das große Mengen von zähem Pflanzenmaterial bewältigen konnte. Als einziges überlebendes Mitglied der in der Trias so zahlreichen Rhynchosaurier lebt heute nur noch die *Tuatara*, die Brückenechse auf Neuseeland.

HYPERODAPEDON	Länge: rund 3 Meter
Fossilien: im Lossimouth-Sandstein der Oberen Trias gefunden	
Fundort: nordöstliches Schottland	
Ordnung: Rhynchocephalia	Familie: Rhynchosauridae

Thecodontosaurus

In der Oberen Trias ist gerade Regenzeit, und die Kalksteinberge, die sich in dieser Periode von Wales bis nach Norddeutschland erstrecken, sind mit einer spärlichen, der Jahreszeit entsprechenden Pflanzendecke versehen. Flüsse, die während des Jahres meist trocken sind, strömen nun in Schluchten dahin. Am Rande eines dieser Gewässer ist inmitten der Farne und Zykadeen ein *Thecodontosaurus*-Paar auf Futtersuche. Die Tiere laufen manchmal nur auf zwei, dann wieder auf vier Beinen. Diese Prosauropoden unter den Dinosauriern suchen ihre Nahrung auf dem Boden und in den Bäumen. Obwohl sie als Fleischfresser mit vorschnellendem Hals Eidechsen und große Insekten schnappen können, sind ihre Zähne nicht so scharf oder spitz wie die ihrer Ahnen, der Thecodontier. Genauso leicht können sie sich von Blättern und zarten Trieben der Bäume und Kräutern ernähren. In dieser Jahreszeit ist in der feuchten Schlucht reichlich Futter vorhanden, aber bald kommt die Trockenzeit. Dann werden sie in die Ebene hinab ziehen, wo sie an dem seichten Meer am südlichen und östlichen Rand des großen Thethys-Ozeans ein freundlicheres Klima vorfinden. Erst wenn erneut die Regenzeit kommt, können sie in die Berge zurückkehren.

Die Prosauropoden gehörten als Gruppe zu den ersten Dinosauriern, die zu Pflanzenfressern wurden. Sie waren ein Zwischenstadium in der Evolution der flinken fleischfressenden Thecodontier zu den riesigen, plumpen pflanzenfressenden Sauropoden, die so charakteristisch für die Jurazeit werden sollten. Die kleineren und primitiveren Prosauropoden, wie etwa *Thecodontosaurus*, konnten sich von Fleisch wie von Pflanzen ernähren. Aber manche späteren Formen, wie etwa *Riojasaurus*, wurden sehr groß und lebten nur von Pflanzen. Überreste von *Thecodontosaurus* hat man in der Region von Bristol im Westen Englands in uralten Höhlenablagerungen gefunden. Die Höhlen der Trias waren durch Erosion des Kalksteins aus dem Karbon entstanden. In diesen Höhlen fanden die Tiere der Trias Zuflucht. In Deutschland enthält der Sandstein der Trias zahlreiche Fußabdrücke von Prosauropoden, die alle in die gleiche Richtung weisen. Wahrscheinlich zogen die Tiere in Herden auf jahreszeitlich bedingten Wanderrouten durch das Land. Normalerweise gingen die Prosauropoden auf den Hinterbeinen, sie konnten jedoch wie ihre Ahnen auf allen vieren laufen.

THECODONTOSAURUS	Länge: 2 Meter
Fossilien: im Mergel der Keuper-Formation der Oberen Trias gefunden	
Fundorte: westliches und mittleres England, möglicherweise auch Südafrika und Nordaustralien	
Ordnung: Saurischia Unterordnung: Sauropodomorpha	
Infra-Ordnung: Prosauropoda	Familie: Thecodontosauridae

Die Gestalt der Prosauropoden (2) zeigt, daß
die Gruppe sich in einem Entwicklungsstadium zwischen Thecodontiern (1) und Sauropoden wie etwa *Apatosaurus* (3) befand.

Cryptocleidus

Wir befinden uns im Oberen Jura. Flachmeere bedecken den Großteil Nordeuropas. Unterhalb der Landzunge einer Insel, die sich damals vom heutigen London bis nach Belgien erstreckte, schwimmt eine Gruppe von kleinen Plesiosauriern der Gattung *Cryptocleidus* gemächlich an der Oberfläche. An langen Hälsen halten sie die Köpfe über Wasser, so daß sie gut atmen können. Ab und zu tauchen sie mit dem Kopf unter und stürzen sich auf einen vorüberschwimmenden Fisch. Plötzlich kommt unter ihnen ein dunkler Schatten zum Vorschein. Es ist *Peloneustes*, einer der sehr großen Plesiosaurier mit einem kurzen Hals. *Peloneustes* macht Jagd auf Ammoniten und andere Kopffüßer und ist daher für die *Cryptocleidus*-Gruppe keine Gefahr. Trotzdem sind die kleineren Plesiosaurier verunsichert und schwimmen schnell davon.

Die Plesiosaurier waren eine sehr weit verbreitete und erfolgreiche Gruppe von schwimmenden Reptilien. Sie stammten vom gleichen Urtyp ab wie die Nothosaurier, entwickelten sich aber früh im Jura in zwei Hauptlinien weiter. Die erste Gruppe, die Elasmosaurier, wurde in der Frühzeit der Paläontologie von Dekan William Buckland »als Schlangen, die sich durch Schildkröten winden« beschrieben. Das auffallendste Merkmal dieser Tiere war tatsächlich der schlangenartige Hals. *Cryptocleidus* war einer der kleineren Elasmosaurier, aber einige der Formen der Oberen Kreide wie etwa *Elasmosaurus* wurden bis zu 10 Meter lang. Die zweite Gruppe der Plesiosaurier waren die Pliosaurier. Diese hatten einen großen Kopf und einen kurzen Hals. Der Körper wurde immens groß. Pliosaurier, wie etwa *Peloneustes*, lebten etwa wie die heutigen Zahnwale und ernährten sich hauptsächlich von großen Kopffüßern. Wovon die Plesiosaurier lebten, geht aus dem fossil erhaltenen Mageninhalt hervor.

CRYPTOCLEIDUS	Länge: bis zu 3 Meter
Fossilien: im Oxford-Mergel des Oberen Jura gefunden	
Fundort: Mittelengland	
Ordnung: Sauropterygia	Unterordnung: Plesiosauria

Die mit vielen Zähnen ausgestatteten Kiefer und der lange Hals von *Cryptocleidus* waren ideal für Fischfang geeignet.

Metriorhynchus

Wenn wir durch das blauschimmernde Wasser eines nordeuropäischen Meeres vom Grund nach oben blicken, sehen wir flüchtig die Silhouette des Meerkrokodils *Metriorhynchus*. Es jagt eine Schule Fische mit so schnellen Wendungen, daß dieses Reptil selbst einem Fisch gleicht. *Metriorhynchus* gehört zu jenen Reptilien, die die Lebensweise ihrer landbewohnenden Ahnen aufgegeben haben und vollkommen zu Wassertieren geworden sind.

Die ältesten Krokodile gehören einer Mesosuchia genannten Gruppe an, die im Meer lebte. Auf den ersten Blick ähnelten sie mit der langen Schnauze und den nadelscharfen Zähnen den heutigen, Fische fressenden Gavialen. Ihre Beine waren kurz, die Zehen durch Schwimmhäute verbunden, und am Rücken entlang besaßen sie zwei Reihen von Knochenplatten.

Einige Krokodilarten wichen jedoch von diesem allgemeinen Modell ab und bildeten eine Thalattosuchia genannte Gruppe. *Metriorhynchus* war ein dem Leben im Meer vollendet angepaßter Typ dieser Gruppe. Seine Ahnen hatten die gleichen Umwandlungen vollzogen wie die Ichthyosaurier und waren aus landbewohnenden Reptilien zu ganz im Meer heimischen Geschöpfen geworden. An die Stelle der vier kräftigen Beine traten Paddel zum Schwimmen, wobei sich das hintere Paar stärker entwickelte als das vordere. Der Körper wurde stromlinienförmig, entwickelte die Fähigkeit, sich schlängelnd fortzubewegen, und besaß nicht die Knochenplatten der verwandten Formen. Der Schwanz, statt in der ganzen Länge abgeflacht zu sein, war am Ende nach unten gebogen und trug eine dreieckige Schwanzflosse.

Man weiß nicht, ob die Thalattosuchier dem Leben im Meer so gut angepaßt waren, daß sie wie die Ichthyosaurier lebende Junge zur Welt brachten. Ihre fischähnliche Gestalt befähigte sie jedoch, in dem warmen Meer, das im Mittleren Jura Nordeuropa weitgehend bedeckte, ihrer Beute, den Fischen, schnell und wendig nachzustellen. Sie waren in ihrer Gestalt dem Leben im Wasser so vollkommen angepaßt, wie es ihnen als Nachkommen eines Landtieres überhaupt möglich war.

METRIORHYNCHUS	Länge: 3 Meter
Fossilien: in Oxford-Ablagerungen aus dem Mittleren Jura gefunden	
Fundorte: Europa, Südamerika	
Ordnung: Crocodilia	Unterordnung: Thalattosuchia

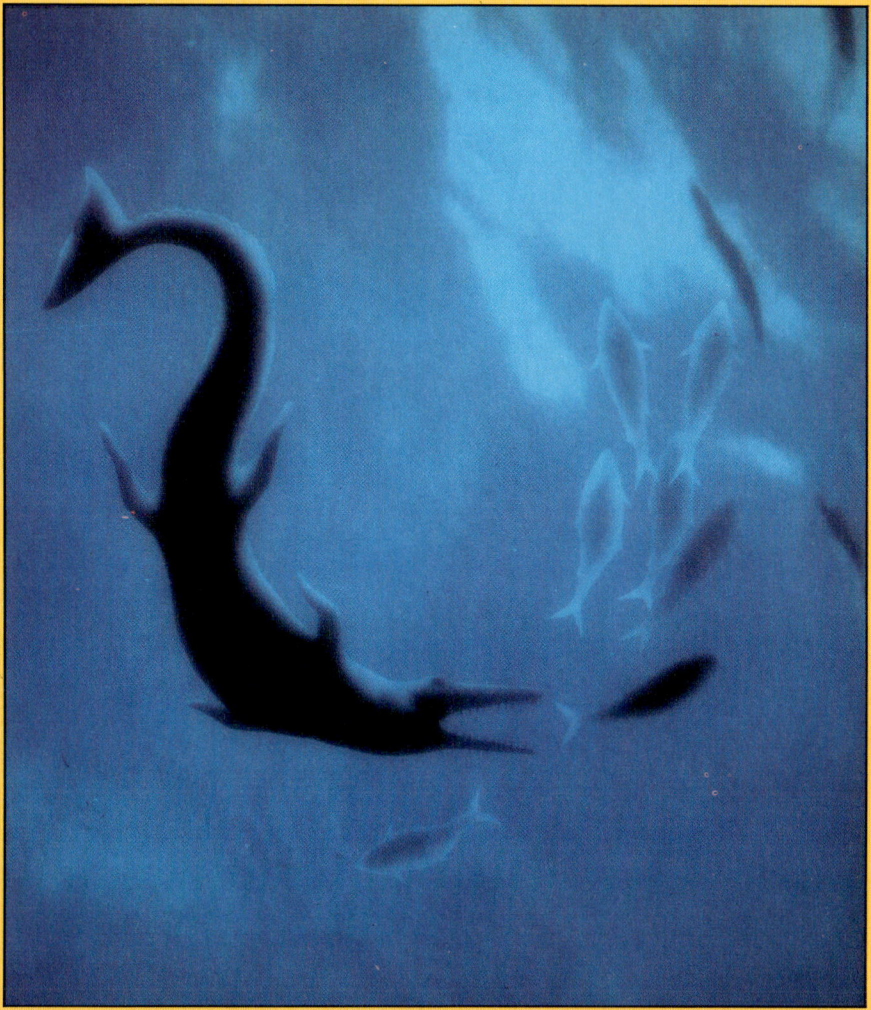

Das Krokodil der Neuzeit (2) ähnelt seinen halb im Wasser, halb auf dem Land lebenden Ahnen. *Metriorhynchus* (1) ist in der Gestalt stärker spezialisiert und für eine Lebensweise im Meer geeignet.

Die fischartige Gestalt des Ichthyosauriers läßt sich oft erkennen,
da die Körpergewebe zum Teil mit dem
Skelett erhalten geblieben sind.

Ophthalmosaurus

Eine Schule silbern schimmernder Fische schwimmt mit pfeilschnellen Wendungen im Oberen Jura in dem warmen Flachmeer Nordeuropas. Über ihnen erscheint drohend eine Familie des *Ophthalmosaurus*, der zu den stromlinienförmigen, fischähnlichen Ichthyosauriern zählt. Sonnenstrahlen dringen durch den feinen Schlick, der aus fernen Flußmündungen angespült wird. Die Reptilien verbringen die Mittagszeit im Wasser und warten darauf, daß das Licht schwindet. Sie sind Tiere des Zwielichts, die im Morgengrauen und in der Abenddämmerung nach Nahrung suchen. Ihre großen Augen befähigen sie, ruhende Fische, die auf dem Grund liegen, oder Wirbellose aufzuspüren, die nachts aus den Spalten des Riffs hervorkommen.

Die Ichthyosaurier waren die erfolgreichste Gruppe der Reptilien, die wieder in das Meer zurückkehrten. Ihre Körper hatten eine stromlinienförmige Form angenommen, die Beine entwickelten sich zu Paddeln, und die Schwänze erhielten eine kraftvolle Schwimmflosse. Im Oberen Jura hatten die Umwandlungen bei *Ophthalmosaurus* den Höhepunkt erreicht. Er war mit seiner dreieckigen Rückenflosse dem Leben im Wasser so perfekt angepaßt wie die Haie oder die heutigen Delphine. Weil *Ophthalmosaurus* einem Delphin so sehr glich, nahm man an, daß er vom Fischfang lebte. Doch im Gegensatz zu frühen Ichthyosauriern besaß er keine Zähne, konnte deshalb auch kaum eine flinke und schlüpfrige Beute fangen. *Ophthalmosaurus* war dank seiner von einem knöchernen Ring gestützten großen Augen, die Druckveränderungen standhalten konnten, in der Lage, ruhende und langsamere Beute zu jagen.
Die Gestalt der Körper von Ichthyosauriern ist deshalb bekannt, weil man im Schiefer aus dem Unteren Jura in Deutschland oft die Umrisse des ganzen Tieres gefunden hat. Diese Fossilien sind als dünne Kohleschicht erhalten geblieben und zeigen die Stellung der Flossen und anderer Weichteile. Selbst das Hautgewebe läßt sich noch untersuchen. Man hat darin Pigmentzellen gefunden, die darauf schließen lassen, daß die Haut der Ichthyosaurier die Farbe von Schildpatt hatte. Unter diesen Überresten befindet sich auch ein Tier, das gerade Junge gebiert.

OPHTHALMOSAURUS	Länge: 3 Meter
Fossilien: im Oxford-Mergel aus dem Oberen Jura gefunden	
Fundort: England	
Unterklasse: Ichthyopterygia	

Compsognathus

Durch das üppig wuchernde Unterholz eilt flink wie Eidechsen ein *Compsognathus*-Paar. Das Weibchen hat eine leuchtend rote Libelle gefangen, die das Männchen ihr wegzuschnappen sucht, bevor sie die Beute unzerkaut verschlingen kann. Die beiden jagen einander durch Schachtelhalmgestrüpp und unter Ginkgobäumen, bis das Männchen aufgibt und die Gefährtin ihre Mahlzeit beenden kann. Ihr Lebensraum ist der Zykadeen- und Ginkgowald. Er bedeckt im Oberen Jura in Deutschland die in Lagunen verstreuten Inseln. Über den Bäumen und Gewässern kreisen Pterosaurier, während auf einer bewaldeten Insel in der Nähe der Urvogel *Archaeopteryx*, ein naher Verwandter von *Compsognathus*, zu den Geräuschen des frühen Morgens sein Gekreisch ertönen läßt.

Compsognathus war so groß wie ein Haushuhn und damit der kleinste der fleischfressenden Coelurosaurier oder Hohlknochensaurier unter den Dinosauriern. Man hat von ihm nur zwei Skelette gefunden, aber aus ihnen läßt sich erkennen, daß er kleinere Tiere gejagt hat. Das besser bekannte der zwei fossilen Skelette ist im Lithographischen Sandstein Deutschlands gefunden worden. In diesem Gestein blieben die Skelette bis in die kleinsten Einzelheiten erhalten. So verraten die Knochen einer Echse im Magen von *Compsognathus*, wovon er sich ernährt hat. Dieser Coelurosaurier hatte wie andere Tiere dieser Gruppe an den langen Hinterbeinen drei Zehen. Ungewöhnlich war, daß er an jeder »Hand« nur zwei Finger besaß. Darin ähnelte der kleinste fleischfressende Dinosaurier, *Tyrannosaurus,* dem größten von ihnen.

COMPSOGNATHUS	Länge: 60 Zentimeter
Fossilien: im Lithographischen Kalksandstein des Oberen Jura gefunden	
Fundorte: Bayern und das südöstliche Frankreich	
Ordnung: Saurischia	Unterordnung: Theropoda
Infra-Ordnung: Coelurosauria	Familie: Coeluridae

Wie andere vollständige Dinosaurierskelette wurde das von *Compsognathus* mit nach rückwärts verrenktem Kopf und mit hochgestelltem Schwanz gefunden. In dieser Stellung sind nach dem Tod die Sehnen der Wirbelsäule eingetrocknet und geschrumpft.

Die wenigen bisher gefundenen Exemplare von *Archaeopteryx* zeigen ein den Dinosauriern ähnliches Skelett; da die Fossilien in feinkörnigem Kalksandstein erhalten sind, lassen sich jedoch die Federn sehr deutlich erkennen.

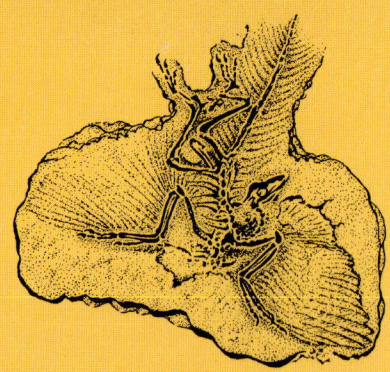

Archaeopteryx

Auf den verstreuten, bewaldeten Inseln im mitteleuropäischen Meer des Oberen Jura wimmelt es von allerlei Getier. Insekten schwirren und hüpfen durch das Unterholz. Dort sind sie sicher vor den Pterosauriern, den Flugsauriern, die in der dichten Vegetation nicht manövrieren können. Doch im Laub lauern noch andere Räuber. Ein scharfäugiger *Archaeopteryx* flattert mit ausgebreiteten Schwingen zu Boden und eilt inmitten von Farnen und emporwirbelnden Ginkgoblättern einer auffliegenden Heuschrecke nach.

Archaeopteryx gilt manchen Paläontologen als »Urvogel«, andere sehen in ihm einen gefiederten Dinosaurier. Jedenfalls scheint er ein Mittelding zwischen beiden gewesen zu sein. Das Skelett war fast identisch mt dem des kleinen *Compsognathus*, aber der Körper war mit Federn bedeckt. Die Anordnung des Gefieders glich bereits dem der Vögel in der Neuzeit. Anders als sie hatte *Archaeopteryx* jedoch bezahnte Kiefer, Klauen an den Flügeln und einen langen, von Knochen gestützten Schwanz. Alle diese Merkmale beweisen, daß seine Ahnen Reptilien waren. Trotz der schönen Federn konnte *Archaeopteryx* gewiß nicht so gut fliegen wie die Pterosaurier jener Zeit. Er hatte hohle, leichte Knochen, aber schwache Muskeln und lebte auf Bäumen, von denen er sich wahrscheinlich im Gleitflug auf den Boden absinken ließ. Unser Wissen über *Archaeopteryx* stammt von fünf Skeletten und einer einzelnen Feder aus dem Malm von Solnhofen und Eichstätt in Bayern. Dieser Kalksandstein ist so feinkörnig, daß er die Spuren der zartesten Organismen bewahrt hat – von Garnelenbeinchen bis zu Flughäuten von Pterosauriern. Während die Federn auf ein fliegendes Tier verweisen, lassen die Skelette auf die Abstammung von den Dinosauriern schließen. Merkwürdig ist, daß seine Ahnen nicht Dinosaurier mit einem bereits vogelähnlichen Becken sind, sondern einen eidechsenähnlichen Knochengürtel besitzen.

ARCHAEOPTERYX	Länge: 30 Zentimeter	Gewicht: rund 500 Gramm

Fossilien: im Lithographischen Kalksandstein des Oberen Jura gefunden

Fundort: Solnhofen-Eichstätt in Süddeutschland

Ordnung: Aves (Vögel)

Pterodactylus

Die Sonne geht über den weiten, seichten Lagunen auf, die im Oberen Jura einen Großteil Süddeutschlands bedeckten. Die ersten Sonnenstrahlen wecken die Insekten auf, die am frühen Morgen über das stille Wasser gleiten. Von den umliegenden Zykadeen und Koniferen stößt *Pterodactylus*, ein kleiner breitflügliger Pterosaurier, mit kräftigen Schlägen der Flughaut auf die Wasseroberfläche zu. Dann wendet er mit den ausgestreckten Hinterbeinen, fängt eine Libelle aus der Luft und flattert wieder zu den Bäumen zurück.

Pterodactylus war ungefähr so groß wie eine Taube. Seine Schwingen waren weniger flugtüchtig als die eines Vogels, aber im Verhältnis zum Körper größer. Seit der Zeit seines Ahnen *Podopteryx* hatten sich die flugfähigen Tiere erheblich entwickelt. Die Schwingen von *Pterodactylus* wurden von den verlängerten und massiver gewordenen vierten Fingern getragen, deren Knochen so dick waren wie die der vorderen Gliedmaßen selbst. Wie bei den Vögeln waren diese Knochen hohl. Die Wirkung jeder Schwinge konnte durch Spreizen der Hinterbeine verändert werden. Beim Hinabstoßen wurden die Flughäute vollständig ausgebreitet, damit sie möglichst viel Auftrieb durch die Luft erhielten. Beim Aufstieg wurden sie dagegen schmal gehalten, um den Luftwiderstand zu verringern. Der Körper und die Gliedmaßen von *Pterodactylus* waren wie bei den übrigen Pterosauriern mit einem feinen Fell bedeckt. Das beweist, daß sie, ähnlich wie die Säugetiere und Vögel, ihre Körpertemperatur regeln konnten. Dadurch besaßen sie die für Flugtiere in den Wäldern, Sümpfen und Bergen des Erdmittelalters erforderliche Energie.

Die Pterosaurier bildeten zwei Unterordnungen: die Pterodactyloidea, zu denen *Pterodactylus* gehörte, und die primitiveren Rhamphorhynchoidea. Die letztere Gruppe hatte schmalere Schwingen und einen langen, steifen Schwanz. Wie die voneinander abweichenden Gebisse verraten, ernährten sich die einzelnen Pterosauriertypen von sehr unterschiedlicher Beute. Die Pterosaurier waren weit verbreitet, man hat ihre Überreste außer in der Antarktis auf allen Kontinenten unserer Zeit gefunden.

PTERODACTYLUS	Länge: 23 Zentimeter
Fossilien: im Lithographischen Kalksandstein des Oberen Jura gefunden	
Fundort: Solnhofen in Süddeutschland	
Ordnung: Pterosauria	Unterordnung: Pterodactyloidea

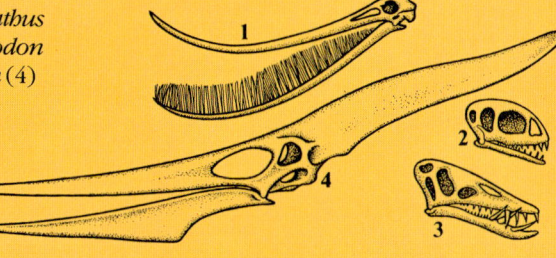

Entsprechend dem Gebiß schöpfte *Pterodaustro* (1) Plankton aus dem Wasser, ernährte sich *Anurognathus* (2) von Insekten, fraß *Dimorphodon* (3) Fleisch und fing *Pteranodon* (4) Fische.

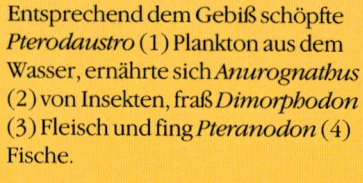

Man hatte immer angenommen,
daß der Schädel von *Apatosaurus*
viereckig war. Als 1979 einer
entdeckt wurde, war er ganz
lang und schlank und dem
von *Diplodocus* ähnlich.

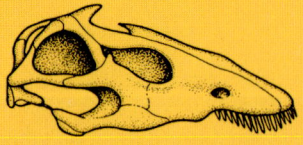

Apatosaurus

Es hört zu regnen auf, und allmählich lichten sich die Wolken. In den seichten kleinen Buchten glättet sich die Wasseroberfläche. Aus dem feuchten Wald, der die Flußufer und die sandigen Landzungen einhüllt, taucht eine *Apatosaurus*-Herde auf. Hochragende Hälse schwingen hin und her, während die mächtigen Tiere die Kiesbank hinuntertrotten und sich gemächlich ins Wasser gleiten lassen.

Weit im Westen fällt noch Regen auf die jungen Rocky Mountains. Das von ihren Felsen und Gipfeln abgetragene Geröll wird von den Flüssen des Gebirges zu Tal gespült und auf einer riesigen Tiefebene zwischen den Bergen und dem Meer ausgebreitet. Dort strömen Flüsse und Bäche in gewundenem Lauf zwischen den neu aufgeschütteten Ufern, den Sand- und Kiesbänken entlang. 150 Millionen Jahre später wird dieses ganze Material zu einem Sandsteinkomplex, zu Konglomeraten und Schiefern, die von Montana bis New Mexico große Gebiete in den USA bedecken und die man noch später als Morrison-Formation bezeichnen wird. Derzeit ist es jedoch eine Landschaft von stillen und träge fließenden Gewässern. Die Ufer tragen eine üppige Vegetation von Zykadeen, Baumfarnen und Ginkgobäumen. Ab und zu ragen auch Bestände höherer Nadelbäume auf. Und am Rande der Sumpftümpel wachsen dichte Gestrüppe von Schachtelhalmen. Hier können sich Scharen von großen pflanzenfressenden Tieren ernähren.

Apatosaurus streifte in Herden über die bewaldeten Ebenen und die Sümpfe umher, wahrscheinlich hielt er sich jedoch meist im Seichtwasser auf. Fußabdrücke beweisen, daß der riesige Körper vollkommen vom Wasser getragen wurde, während das Tier sich nur mit den Klauen der Vorderbeine den Weg bahnte. Die winzigen stiftförmigen Zähne waren ideal geeignet, die weichen Wasserpflanzen herauszukratzen, und der weit ausschwingende Hals konnte Futter in einem weiten Umkreis erreichen, ohne daß sich das Tier bewegen mußte. *Apatosaurus* wanderte in Familiengruppen, in deren Mitte die Jungen geschützt wurden, von einem Nahrungsgebiet zum anderen. Früher nannte man die Art *Brontosaurus*. *Apatosaurus* heißt »kopflose Echse«, weil dem ersten gefundenen Exemplar der Schädel fehlte.

APATOSAURUS	Länge: 20 Meter	Gewicht: 30 Tonnen
Fossilien: in der Morrison-Formation aus dem Oberen Jura gefunden		
Fundort: Colorado		
Ordnung: Saurischia	Infra-Ordnung: Sauropoda	Familie: Atlantosauridae

Diplodocus

Im Sumpf zur Zeit des Oberen Jura stehen verstreute Koniferengehölze. Sie sind von dem umgebenden Wald durch gewundene Flußläufe isoliert. Im Schatten, den diese hohen Bäume um die Mittagszeit werfen, ist eine *Diplodocus*-Herde zu sehen. Normalerweise befinden sich die Tiere im Wasser und reißen mit ihren stiftförmigen Zähnen Schwimmpflanzen heraus. Jetzt durchkämmen sie das Unterholz und holen sich hoch oben von den Bäumen die delikaten jungen Triebe. Vom Boden aus gesehen scheinen ihre immens langen Hälse so hoch wie die Bäume zu sein, aber die Perspektive täuscht. Wie die in der Nähe umherwatenden Herden von *Apatosaurus* lebt *Diplodocus* in Familienverbänden. Sie ziehen von einem Futtergebiet zum nächsten und halten dabei die Jungen zum Schutz in ihrer Mitte. Wenn die Mittagshitze vorüber ist, werden sie wieder zum Wasser hinunterwandern, in das warme Flachmeer tauchen und Wasserpflanzen abweiden.

Diplodocus und seine Verwandten waren viel leichter gebaut als ihr Vetter *Apatosaurus*. Der längere *Diplodocus* hatte nur ein Drittel von dessen Gewicht. Sein Rückgrat wies Wirbel auf, die nur aus Verstrebungen und Hohlräumen bestanden und daher zugleich leicht und fest waren. Von den Wirbeln über dem Becken ragten lange Dornfortsätze nach oben. Sie stützten die Muskeln, die den Schwanz und die Hinterbeine bewegten. Die Schwanzwirbel hatten nach abwärts gerichtete Fortsätze mit Stützen an den Enden. Wahrscheinlich schützten sie die Nerven und Blutgefäße des Schwanzes, wenn er über den Boden schleifte. Die Füße waren mit scharfen Klauen bewaffnet – drei an den Hinterfüßen, eine vorn. Damit wurde ein Ausgleiten im Schlamm der Sümpfe verhindert. *Diplodocus* hat vielleicht Steine geschluckt, die das Futter im Magen zerkleinern halfen, denn die Zähne wären nicht imstande gewesen, richtig zu kauen.

DIPLODOCUS		Länge: 28 Meter
Fossilien: in der Morrison-Formation des Oberen Jura gefunden		Fundort: Utah
Ordnung: Saurischia	Unterordnung: Sauropodomorpha	
Infra-Ordnung: Sauropoda	Familie: Atlantosauridae	

Von der Gesamtlänge von 28 Metern entfielen bei *Diplodocus* auf den Schwanz 14 Meter, auf den Hals 8 Meter. Die Beckenhöhe betrug 4 Meter.

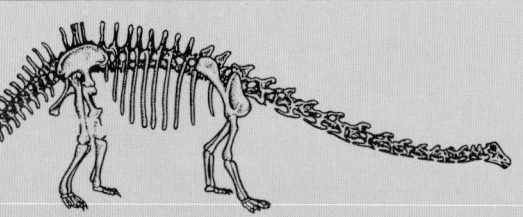

Der Schädel von *Ceratosaurus* war leicht
gebaut und elastisch. Dadurch wurden
die Kiefer dehnbar und waren imstande,
große Fleischbrocken hinunterzuschlin-
gen. Der Schädel war mit Hörnern versehen und besaß dicke Augenbrauenwülste.

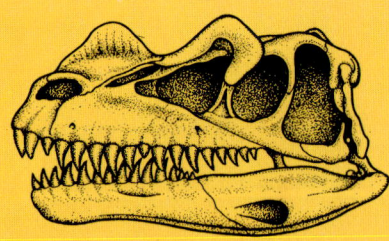

Ceratosaurus

In einer Gewitternacht auf den windgepeitschten Bergen oberhalb der weiten sumpfigen Ebene im Oberen Jura Nordamerikas stolpern und schlittern zwei Exemplare von *Ceratosaurus* durch die Nacht. Nur schwer finden ihre großen Klauen Halt auf den losen Steinblöcken. Blitze zerreißen das Dunkel des Himmels, und die zwei Fleischfresser, deren Angriffe die anderen Tiere in Schrecken versetzen, sind jetzt selbst verstört. Sobald das Gewitter vorbei ist, werden sie im Morgengrauen in die Flußebene hinuntersteigen, um dort unter den großen Pflanzenfressern ihre Beute zu suchen. Aber die Gefahr ist noch nicht vorüber. Die nach dem Wolkenbruch angeschwollenen Flüsse können die Dinosaurier mit sich fortreißen und zu Todesfallen werden, wenn sie die Tiere unter ihren Sand- und Schottermassen begraben, die dereinst zur Morrison-Formation werden.

Ceratosaurus war einer der kleineren fleischfressenden Carnosaurier. Diese hatten alle die gleiche allgemeine Gestalt. Sie standen auf zwei Beinen, während der Körper über dem Becken von dem langen, steifen Schwanz nach vorne geneigt und im Gleichgewicht gehalten wurde. Die Vorderbeine waren kleiner als die Hinterbeine. Die Tiere besaßen eine ganze Batterie von scharfen Zähnen, und den Kopf trugen sie wie die Vögel im rechten Winkel zum Hals. Im Detail unterschied sich *Ceratosaurus* von seinen Verwandten. Er besaß neben dem Gehörn und den dicken Wülsten über den Augen einen gezackten Kamm auf dem Rücken. Das Gehörn und die Wülste dienten vielleicht als Waffe oder zur Verteidigung, wenn die Tiere gegeneinander anrannten, um die Vorherrschaft als Leittier zu erkämpfen. Fußabdrücke verraten, daß *Ceratosaurus* ein aktiver Jäger war, der in Rudeln die Wälder des Oberen Jura durchstreifte und die pflanzenfressenden Sauropoden über die Sandbänke und Sümpfe hetzte. Getötet wurde die Beute wahrscheinlich mit den großen Klauen an den Hinterbeinen und den kleineren an den Vorderbeinen. Denn die Zähne waren so dünn und brüchig, daß sie bestimmt im Kampf nicht zu gebrauchen waren. Sie wurden wohl dazu benützt, das Fleisch vom Körper der verendeten Beute zu schneiden.

CERATOSAURUS	Länge: 6 Meter
Fossilien: in der Morrison-Formation des Oberen Jura gefunden	
Fundorte: Colorado und Wyoming, auch Ostafrika	
Ordnung: Saurischia	Unterordnung: Theropoda
Infra-Ordnung: Carnosauria	Familie: Megalosauridae

Coelurus

Die Sonne steigt über den Gesträppen von Schachtelhalmen an den Flußufern empor. Die Pterosaurier fliegen auf und verfolgen am frühen Morgen ihre Beute. Doch auch die Pterosaurier sind Nahrung für andere Geschöpfe. Ein *Coelurus* bricht aus dem Sumpf hervor und stürzt sich auf einen zu tief fliegenden Pterosaurier. Der Pterosaurier weicht aus und bringt sich im Flug in Sicherheit, *Coelurus* macht kehrt, um sich eine andere Beute zu suchen.

Vielerlei Reptilien, Säugetiere, Insekten und wahrscheinlich auch die ersten Vögel lebten inmitten von Farnen, Zykadeen und dichten Beständen der Schachtelhalme. Von ihnen allen ernährte sich *Coelurus*. Daneben gab es noch die verwesenden Kadaver der größeren Tiere, von denen sich riesige Fleischfresser wie *Ceratosaurus* hauptsächlich ernährten. *Coelurus* wäre imstande gewesen, zwischen deren großen Klauen durchzuschlüpfen und ähnlich wie ein Schakal mit jedem Happen, den er erwischen konnte, hurtig davonzuschleichen. Auch Eier dürfte *Coelurus* nicht verschmäht haben.

Coelurus zählte zu den Coelurosauriern, den primitiven und leicht gebauten Verwandten der großen Fleischfresser jener Zeit. Er ähnelte in Körperbau und Aussehen den frühen Archosauriern aus der Zeit vor rund 75 Millionen Jahren, von denen alle Dinosaurier abstammen. Seine langen Hinterbeine hatten drei gebrauchsfähige Zehen, und gewiß konnte das Tier auch seinen Vorderkörper gut tragen und ihn mit einem langen, ziemlich steifen Schwanz im Gleichgewicht halten. An den Vorderbeinen hatte *Coelurus* drei »Finger«, von denen der erste den anderen beiden wie ein primitiver Daumen gegenüberstand. Dadurch wurde diese »Hand« zu einem – für ein Reptil sehr wirksamen – Greifwerkzeug. Dieses Geschöpf hieß früher *Ornitholestes* (»Vogelräuber«). Der Körperbau, besonders die Ausbildung der Gliedmaßen, von *Coelurus* deutete darauf hin, daß er sich springend auf flüchtende Vögel stürzen konnte. Allerdings hat man bisher in der Morrison-Formation, in der *Coelurus* gefunden wurde, noch keine Fossilien von Vögeln entdeckt, obwohl sie nachweislich im gleichen Zeitalter und in anderen Weltgegenden existiert haben.

COELURUS	Länge: 2 Meter	Gewicht: 30 Kilo
Fossilien: in der Morrison-Formation des Oberen Jura gefunden		
Fundort: Wyoming		
Ordnung: Saurischia	Unterordnung: Theropoda	Familie: Coeluridae

Das Skelett von *Coelurus* war im Prinzip dem der großen Fleischfresser ähnlich, aber viel leichter gebaut.

Die Platten auf dem Rücken könnten auf dreierlei
Weise angeordnet gewesen sein.

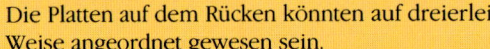

Stegosaurus

Der Regen prasselt auf das Altwasser eines Flusses im Oberen Jura Nordamerikas. Dumpf klatschend fällt er auf die umliegenden Bestände der Koniferen und auf den weichen Teppich aus abgefallenen Nadeln auf dem Waldboden. Es ist ein tropischer Platzregen. Ohne darauf zu achten, watet ein *Stegosaurus* durch das seichte Wasser. Der Regen fließt über die hochgewölbten Flanken und zwischen den Rückenplatten hinunter und tropft von der Schnauzenspitze. Das Tier bewegt sich nur langsam voran. Der große Körper ist durch den Regen abgekühlt und träge geworden. Schließlich hört es jedoch zu regnen auf. Wirbel von Wasserdunst steigen empor. Langsam erwärmt sich auch der mächtige Körper von *Stegosaurus*. Bald wird er wieder so aktiv sein, daß er sich in der üppigen Pflanzenwelt der Dschungelebene sein Futter suchen kann.

Stegosaurus ist einer der bekanntesten Dinosaurier. Die Lebensweise dieses Tieres ist jedoch umstritten. Das Gebiß und die Körpergröße weisen eindeutig auf einen Pflanzenfresser. Doch warum besaß *Stegosaurus* diese enorme Reihe von Knochenplatten auf dem Rücken? Diese Platten waren nur in die Haut eingebettet, aber nicht am Skelett befestigt. Deshalb ist nicht klar, wie sie angeordnet waren. Wahrscheinlich standen sie aufrecht in einer Doppelreihe. Aber waren sie dann paarweise oder versetzt angeordnet? Dienten sie zur Verteidigung, schützten sie die verletzliche Wirbelsäule vor den Angriffen der größeren Fleischfresser? Oder waren sie Wärmeregulatoren, die die Körperoberfläche vergrößerten, die Sonnenwärme aufnahmen und sie wie ein Heizkörper wieder abgaben?

STEGOSAURUS	Länge: 9 Meter	
Fossilien: in der Morrison-Formation aus dem Oberen Jura gefunden		
Fundort: Colorado		
Ordnung: Ornithischia	Unterordnung: Stegosauria	Familie: Stegosauridae

Iguanodon und Hypsilophodon

Entlang dem bewaldeten Ufer des Wealdon-Sees, der sich in der Unteren Kreidezeit von Südengland bis Frankreich erstreckte, plätschert das stille Wasser sacht gegen die Schlammbänke. Im Schatten zwischen den Koniferen und Zykadeen bewegt sich eine Gruppe von Ornithopoden oder Vogelfuß-Dinosauriern. Ein einzelnes *Iguanodon* verläßt die Herde und paddelt in das ruhige Wasser, um zu trinken. Plötzlich vernimmt es ein klatschendes Geräusch; *Iguanodon* blickt erschreckt auf, trinkt dann aber wieder weiter. *Hypsilophodon* ist aus dem Schutz der Zykadeen ins Freie gehüpft und läuft nun eilig durch die Untiefen am Rande des Sees. Beide Geschöpfe sind harmlose Pflanzenfresser und haben voneinander nichts zu befürchten.

Bis Anfang der siebziger Jahre glaubte man, daß *Hypsilophodon* auf Bäume geklettert sei, weil die kleinste der vier Zehen scheinbar nach rückwärts gerichtet war und daher imstande gewesen wäre, einen Baumzweig wie ein Vogel zu umfassen. Genauere Untersuchungen haben jedoch bewiesen, daß diese Zehe gar nicht nach rückwärts gerichtet war und der Fuß gut zum Laufen taugte. Wie seine Ahnen, die Thecodontier, die Wurzelzähner, hatte *Hypsilophodon* den Rücken entlang eine Reihe von Knochenhöckern. Die meisten anderen Dinosaurier-Gruppen, darunter auch die große Mehrzahl der Ornithopoden, wiesen diese Eigentümlichkeit nicht mehr auf.
Iguanodon ist von allen Dinosauriern einer der bekanntesten. Nach der Entdeckung vollständiger Skelette 1878 in Belgien konnte man sich das Aussehen, die Lebensweise und die Umwelt von *Iguanodon* gut vorstellen.

IGUANODON	Länge: rund 9 Meter
Fossilien: in den Purbeck- und Wealdon-Ablagerungen aus dem Oberen Jura und der Unteren Kreide gefunden	
Fundorte: Nordeuropa, Rumänien, Mongolei, Nordafrika und Nordamerika	
Ordnung: Ornithischia Unterordnung: Ornithopoda Familie: Iguanodontidae	
HYPSILOPHODON	Länge: 3 Meter
Fossilien: im Wealdon-Mergel aus der Unteren Kreide gefunden	
Fundort: Insel Wight, England	
Ordnung: Ornithischia Unterordnung: Ornithopoda Familie: Hypsilophodontidae	

Der vorn zugespitzte Schnabel und die Mahlzähne im hinteren Schädel von *Iguanodon* (1) und von *Hypsilophodon* (2) verraten, daß diese Dinosaurier Pflanzenfresser waren.

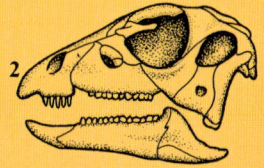

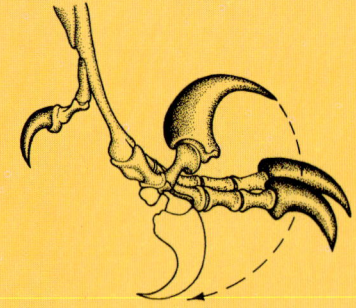

Deinonychus lief, wie auch eine Reihe seiner Verwandten, nur auf der dritten und vierten Zehe. Die erste Zehe war klein, die dritte trug eine riesige Klaue, die beim Angriff um 180 Grad herumgeschwenkt werden konnte.

Deinonychus

Auf einem Berghang oberhalb der feuchten bewaldeten Ebene, die in der Unteren Kreidezeit im heutigen US-Staat Montana lag, weidet ganz allein ein *Tenontosaurus*. Dieser Verwandte von *Iguanodon* hat die sichere Deckung unter den Bäumen verlassen und kaut nun schmatzend auf dem sonnigen Hang ihm bis dahin unbekannte Pflanzen. Ungeschützt, wie er ist, erspäht ihn ein oberhalb der Felsen lauerndes *Deinonychus*-Rudel. Die leichtfüßigen und intelligenten Theropoden gehen sofort zum Angriff über. Fauchend und spuckend stürzt sich das Rudel auf seine Beute und schlitzt ihr mit den sichelförmigen Krallen die Flanken und den weichen Bauch auf. Während sie mit dem steifen Schwanz das Gleichgewicht halten, bearbeiten sie die Beute mit gezielten Fußtritten. Der *Tenontosaurus* strauchelt und stürzt zu Boden. Es wird still, und von fern kann man nur eine Gruppe lohfarbener Leiber und um sich schlagende Schwänze erblicken, die sich um eine blutige Masse auf dem Berghang drängen. Näher gekommen, sieht man, daß sich vor diesem Hintergrund zwei junge Männchen raufen und sich gegenseitig ihren Anteil an der Beute streitig machen.

Zunächst hatte man angenommen, daß die großen Fleischfresser nur schwerfällige Aasfresser waren und unfähig gewesen sind, eine Beute flink anzugreifen. Seit den Ausgrabungen aus dem Jahr 1964 weiß man aber, daß *Deinonychus* ein leicht gebautes Tier war, das schnell wie ein Strauß laufen konnte und ein Paar sichelförmige Klauen besaß, die tödlich waren wie das Gebiß eines Säbelzahntigers. Außerdem fand man sogar die Überreste einer *Deinonychus*-Gruppe, die sich um einen verendeten *Tenontosaurus* scharte und dadurch verriet, daß ihn ein Rudel dieser Tiere gejagt und getötet hatte.

DEINONYCHUS	Länge: 3 Meter
Fossilien: in der Cloverly-Formation aus der Oberen Kreidezeit gefunden	
Fundort: Montana (USA)	
Ordnung: Saurischia Unterordnung: Theropoda	
Infra-Ordnung: Deinonychosauria	Familie: Dromaeosauridae

Spinosaurus

An einem der vielen Wasserlöcher auf den Flußebenen Nordafrikas hat sich ein *Spinosaurus* in den Schlamm gelegt. Sein flossenähnliches »Rückensegel« fängt die Strahlen der Morgensonne auf und leitet die Wärme an den Körper weiter. Bald werden auch die kleineren Tiere munter sein. Ein mittelgroßer, pflanzenfressender Dinosaurier trottet zum Wasser hinunter, um zu trinken. Kaum hat *Spinosaurus* diese vielversprechende Fleischmahlzeit erblickt, wuchtet er sich aus dem Schlamm hoch und greift an. Von Furcht gelähmt, zögert der Pflanzenfresser einen Augenblick zu lang. *Spinosaurus* packt ihn mit den geraden, scharfen Zähnen, die weiche Gewebe und selbst Knochen aufreißen können, im Nacken. Das zum Tode verurteilte Tier fällt in den Schlamm und windet sich noch eine Weile mit strampelnden Hinterbeinen und Schwanzschlägen, dann ist es still. Große aasfressende Störche, die aus der Luft Ausschau nach einem toten Tier hielten, gleiten herab, lassen sich ringsum nieder und warten darauf, daß *Spinosaurus* zu fressen aufhört.

Mehrere der großen Dinosaurier, die in offenem Gelände lebten, hatten auf dem Rücken flossenähnliche Kämme oder »Rückensegel«, die von kräftigen, aufwärts gerichteten Dornfortsätzen der Wirbel gestützt wurden. Sie ähnelten den Flossen der Pelycosaurier des Perm. Wahrscheinlich hatten sie auch die gleiche Aufgabe als Wärmeregulatoren. Wurde die Hautfläche mit den Blutgefäßen darin im rechten Winkel zur frühen Morgensonne gedreht, ließ sich das Blut schneller erwärmen, als wenn die Sonnenwärme erst den ganzen Körper durchdringen mußte. In der heißen Mittagssonne konnten diese Tiere dann im Schatten lagern und mit dem »Rückensegel« den kühlenden Wind auffangen.
Spinosaurus ist der größte bisher bekannte Dinosaurier mit einem Rückenkamm. Die Dornfortsätze waren etwa 1,8 Meter lang und bildeten das sehr eindrucksvolle »Rückensegel« eines Tieres, das sonst in Gestalt und Größe *Tyrannosaurus* ähnelte. Möglich ist, daß dieses »Rückensegel« auch als Erkennungssignal für Tiere gleicher Spezies diente oder Feinde abschrecken sollte.

SPINOSAURUS	Länge: 12 Meter
Fossilien: in der Bahairia-Formation der Oberen Kreide gefunden	
Fundorte: Ägypten und Nigergebiet	
Ordnung: Saurischia	Unterordnung: Theropoda
Infra-Ordnung: Carnosauria	Familie: Spinosauridae

Drehte sich ein Dinosaurier mit seinem »Rückensegel« im rechten Winkel zur Sonne, absorbierte die flossenähnliche Hautfläche die Sonnenhitze. Wandte sich das Tier mit dem Gesicht der Sonne zu, strahlte das Rückensegel die Hitze ab.

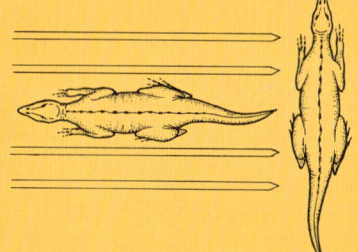

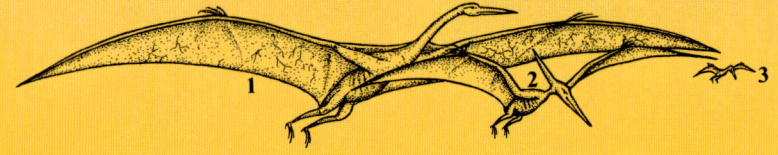

Die Spannweite der Flügel von Pterosauriern
variierte von 12 Metern bei *Quetzalcoatlus* (1)
bis zu nur 25 Zentimetern bei *Pterodactylus* (3).
Bei *Pteranodon* (2) betrug sie 7 Meter.

Quetzalcoatlus

Die Sonne eines Spätnachmittags im Nordamerika der Oberen Kreidezeit über-
flutet das weite Land und scheint auf den Körper eines alten *Triceratops*, der eben
zusammengebrochen und verendet ist. Mehrere Kilometer entfernt kreist am
Himmel ein *Quetzalcoatlus*-Schwarm. Es sind die größten flugfähigen
Geschöpfe, die je gelebt haben, die jetzt in einer Warmluftsäule emporschweben.
Einer von ihnen entdeckt mit seinen scharfen Augen in der Ferne den toten
Triceratops, schwenkt mit rauhem Kreischen die Schwingen, verläßt den Auf-
wind der Warmluftsäule und setzt zu einem langen Gleitflug an. Die übrigen
Tiere der Gruppe bemerken das Flugmanöver sofort und folgen ihm. Bald ist der
Boden, auf dem der Kadaver liegt, durch die Schatten großer Schwingen
verdunkelt, die von oben heruntergleiten. Ein *Quetzalcoatlus* landet und pickt
ein Auge an. Ein anderer durchsticht die weiche Bauchhaut. In wenigen Minuten
ist der Kadaver von zustoßenden Schnäbeln und flatternden Schwingen bedeckt
und bald der Brustkorb freigelegt.

Quetzalcoatlus war der gewaltigste Pterosaurier. Er war so groß, wie dies bei
einem Flugtier überhaupt möglich ist. Die Knochen, die man 1971 in Texas
gefunden hat, beweisen, daß dieses Tier eine Flügelspannweite von 12 Metern
besaß. Der größte bis dahin bekannte Pterosaurier war *Pteranodon*, der Ozean-
segler, mit 7 Meter Spannweite gewesen. Er lebte wahrscheinlich auf Klippen am
Meer, von denen er sich im Sturzflug ins Meer hinabstürzte, um Fische zu
erbeuten. *Quetzalcoatlus* dagegen war im offenen Flachland heimisch. Wie die
übrigen Pterosaurier war *Quetzalcoatlus* behaart und konnte dadurch seine
Körpertemperatur besser regeln. Kopf und Hals waren wie bei den Geiern
wahrscheinlich nackt. Die Haare wären sonst mit Blut beschmutzt worden, wenn
die Tiere in den Körperhöhlen und im Brustkorb Fleischreste losrissen.
Die Pterosaurier oder Flugsaurier teilt man in zwei Unterordnungen ein. Die
Rhamphorhynchoidea waren primitiver und existierten bis in die Obere Jurazeit.
Die Pterodactyloidea oder Flugfinger, zu denen *Quetzalcoatlus* gehörte, lebten
bis zum Ende des »Reptilienzeitalters«.

QUETZALCOATLUS	Flügelspannweite: 12 Meter
Fossilien: in festländischem Schlickstein und in Sandstein der Oberen Kreide	
Fundort: Big Bend Nationalpark in Texas (USA)	
Ordnung: Pterosauria	Unterordnung: Pterodactyloidea

Struthiomimus

An einem feuchten, nebligen Frühmorgen befindet sich eine *Struthiomimus*-Gruppe auf Futtersuche. Die Tiere wandern langsam umher, picken mit zahnlosem Schnabel an Pflanzen, schnappen Insekten oder kleine Echsen und plündern die Nester anderer Dinosaurier. Aber sie sind wachsam dabei. Senken zwei von ihnen den Kopf, mustert der dritte aufmerksam die Umgebung. Einer von ihnen entdeckt plötzlich, daß sich im Gebüsch etwas bewegt. Mit einem warnenden Fauchen ergreift er die Flucht vor dem sich anschleichenden Raubsaurier. Seine Artgenossen folgen ihm sofort. Durch aufspritzende Pfützen sausen sie mit etwa 80 Kilometer Stundengeschwindigkeit vor der Gefahr davon.

Die »straußenähnlichen Dinosaurier« für die *Struthiomimus* ein typisches Beispiel darstellt, waren die letzten Coelurosaurier. Sie entwickelten sich während der Unteren Kreidezeit und existierten bis zum Ende dieser Periode. Sie hatten lange, dünne Hinterbeine, die zum schnellen Laufen taugten, und sie trugen den leichten Schädel vogelähnlich im rechten Winkel zum Hals.
Einige Mitglieder der Gruppe besaßen sehr große, für nächtliche Streifzüge geeignete Augen. Die Vorderbeine waren kürzer als die Hinterbeine und wiesen dreifingerige Greifhände auf. Normalerweise wurde der Körper aufrecht getragen und von dem langen Schwanz im Gleichgewicht gehalten. Wahrscheinlich ernährten sich diese »straußenähnlichen Dinosaurier« von kleinen Reptilien und Säugetieren, sie könnten auch die Nester größerer Tiere geplündert haben.

STRUTHIOMIMUS	Höhe: 2 Meter
Fossilien: in der Oldman- und in der Edmonton-Formation der Oberen Kreidezeit gefunden	
Fundort: Alberta in Kanada	
Ordnung: Saurischia Unterordnung: Therapoda Familie: Ornithomimidae	

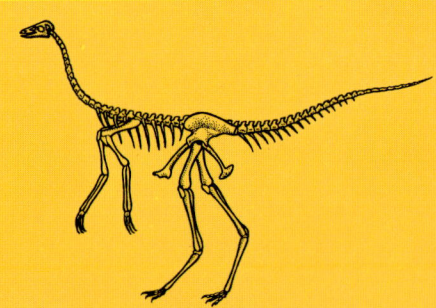

Die äußerliche Ähnlichkeit zwischen *Struthiomimus* und den großen flugunfähigen Vögeln unserer Zeit zeigt, daß sie wahrscheinlich in einer ähnlichen Umwelt lebten.

Die Kämme der Entenschnabel-
Dinosaurier entwickelten sich aus
den Nasenknochen,
von denen die meisten
hohl waren. Sie enthielten
Nasengänge, die der Verstärkung
des Geruchssinns dienten, aber auch der Intensivierung
des Gebrülls der Tiere. Die hier gezeigten Schädel
stammen von *Lambeosaurus* (1), *Corythosaurus* (2),
Saurolophus (3) und *Parasaurolophus* (4).

Lambeosaurus

Auf einer sonnigen Lichtung im Wald der Oberen Kreidezeit auf den Vorgebirgen Nordamerikas sind die Magnolienbüsche voll erblüht. Sie fangen das Sonnenlicht ein, das sie durch eine Schneise im umliegenden Waldland aus Eichen, Eschen, Birken und Weiden erreicht. Die Landschaft könnte ein heutiger Wald sein. Nur die Tierwelt ist ganz anders als zu unserer Zeit. Es raschelt und kreischt in den Zweigen, ein kleiner Schwarm von Pterosauriern wird aufgescheucht, als sich ein großes Tier nähert. Es ist einer der horntragenden Entenschnabel-Dinosaurier, der allein durch den Wald zieht. Im Sonnenschein bleibt er stehen, pflückt sich mit der langen Zunge ein Büschel Zweige und zerkaut sie. Nachdem er Blätter und Blüten mit den zahlreichen engstehenden Zähnen zermalmt hat, wälzt er den Brei in den Backentaschen herum, ehe er ihn verschlingt. Dann hebt er den Kopf, »trompetet« laut, um mit der übrigen Herde in Kontakt zu bleiben, und trottet durch den Wald weiter.

In ihrer Gestalt ähnelten die Entenschnabel-Dinosaurier *Iguanodon,* doch die Schädel zeigten die Entwicklung eines entenähnlichen Schnabels und einer Reihe von massiven Mahlzähnen. Die kräftigen Hinterbeine hatten drei Zehen mit Hufen. Die kleineren Vorderbeine besaßen vier Zehen, von denen zwei Hufe trugen. Die Tiere bewegten sich wahrscheinlich auf zwei Beinen, konnten aber ebensogut auf allen vieren gehen. Zwischen den Fingern waren Häute gespannt, und der Schwanz war seitlich abgeflacht. Das könnte darauf hinweisen, daß sie zumindest einen Teil der Zeit im Wasser zubrachten. Bei vielen Arten, einschließlich von *Lambeosaurus,* ragten seltsame Gebilde aus dem Schädel.
Die Entenschnabel-Dinosaurier waren über die ganze Nordhalbkugel verbreitet, man hat ihre Überreste aber auch in Südamerika gefunden. Eine Anzahl von Nestern von *Maiasaura* wurde 1979 in Montana (USA) entdeckt. Es waren Schlammhügel, die eine Reihe von Jungen in einem fortgeschrittenen Entwicklungsstadium enthielten. Dies deutet darauf hin, daß die erwachsenen Tiere die Jungen noch einige Zeit nach dem Schlüpfen betreuten.

LAMBEOSAURUS	Länge: 7 Meter
Fossilien: in der Oldman-Formation aus der Oberen Kreidezeit gefunden	
Fundort: Red Deer River (Alberta in Kanada)	
Ordnung: Ornithischia	Unterordnung: Ornithopoda
Familie: Hadrosauridae	Unterfamilie: Lambeosaurinae

Palaeoscincus

Entlang dem Flußufer in einer Landschaft der Oberen Kreidezeit tanzen Wolken von Insekten in der Sonne des frühen Nachmittags. Durch die Pflanzenwelt am Wassersaum bewegt sich langsam und schwerfällig der wuchtige Körper eines *Palaeoscincus*. Er wird von Insekten umschwirrt, die sich in seinen Augen und Nüstern niederlassen und auf seinem gepanzerten Rücken sitzen. *Palaeoscincus* bemerkt sie kaum, da sein Nervensystem nicht auf so geringe Reize reagiert. Ein kleiner Schwarm von reiherähnlichen Vögeln hat ihn jedoch bemerkt und folgt ihm, als er weitertrottet. Die Vögel lassen sich auf seinem Rücken nieder und fliegen von dort auf den Boden hinunter, um die kleinen Geschöpfe zu jagen und zu schnappen, die durch die stampfenden Füße aufgescheucht worden sind. *Palaeoscincus* beachtet auch die Vögel kaum. Seine Aufmerksamkeit könnte nur ein sehr großes Tier erregen.

Palaeoscincus war einer der ersten in den USA entdeckten Dinosaurier. Um 1850 fand man zuerst nur die Zähne. Später wurde ein unvollständiges Skelett entdeckt, das erkennen ließ, daß es sich um einen der stark gepanzerten Ankylosaurier handelte.

Diese Panzer-Dinosaurier waren eine der vier Unterordnungen der Ornithischia oder Vogelbecken-Dinosaurier. Es waren gedrungene, tonnenförmige Tiere mit stark gepanzertem Rücken. Bei manchen bestand dieser Panzer nur aus verstreuten Knochenplatten. Bei anderen glich er einem Mosaik. Einige, wie etwa *Palaeoscincus,* hatten an den Seiten noch sensenförmige Stacheln. Bei anderen ragten »Spieße« aus dem Rücken. Mit dieser Panzerung waren die Ankylosaurier an der Oberseite perfekt geschützt. Gleichzeitig mit der Evolution der Panzer wurden einige spätere Vertreter, wie etwa *Palaeoscincus* breit und ungeschlacht. Die Unterseite war ungeschützt, aber kaum ein fleischfressender Dinosaurier, so groß er auch sein mochte, hätte diese Ungetüme herumwälzen und am Bauch angreifen können. Die Ankylosaurier waren sehr zahlreich und entwickelten sich erfolgreich. Sie waren am Ende der Kreidezeit vielleicht die häufigsten Dinosaurier in der Landschaft Nordamerikas.

PALAEOSCINCUS	Länge: rund 5 Meter
Fossilien: in der Judith-River- und Two-Medicina-Formation aus der Oberen Kreidezeit gefunden	
Fundort: Montana in den USA	
Ordnung: Ornithischia Unterordnung: Ankylosauria Familie: Nodosauridae	

Die Ankylosaurier hatten sehr verschiedenartige
Panzer. Manche besaßen Platten und
Stachel auf dem Rücken, andere eine Art
Knoten am Schwanz. Die Zeichnung
zeigt *Silvisaurus* (1) und
Scolosaurus (2).

Tyrannosaurus

Ein blauer See schimmert in der Oberen Kreidezeit in Nordamerika in der Sonne. Das an Mineralien reiche Wasser gleicht einer Suppe aus blaugrünen Algen und Wasserflöhen. Tausende von flamingoähnlichen Vögeln ernähren sich von den mikroskopischen Pflanzen und den anderen winzigen Lebewesen des Seichtwassers. Am Ufer entlang sprudeln kochend heiße Quellen, über denen selbst in der Mittagshitze Dampfwolken aufsteigen. Wo das etwas abgekühlte Wasser aus diesen Quellen zum See hinunterfließt, sammeln sich die Vögel, um zu trinken. Neben einer brodelnden Quelle watschelt ein *Tyrannosaurus*, einer der größten fleischfressenden Dinosaurier. Die Vögel fliegen an diesem riesigen Tier vorbei, als wäre es ein Felsbrocken. Für *Tyrannosaurus* ist hier kein Futter zu finden. Er frißt nur Aas.

Trotz seiner furchteinflößenden Größe war *Tyrannosaurus* wahrscheinlich ziemlich ungefährlich. Die Beingelenke und die Stellung der Füße beweisen, daß er nur Schritte von weniger als einem Meter Länge machen und nur 5 Kilometer in der Stunde zurücklegen konnte. Schwerlich hätte er andere Tiere seiner Zeit jagen oder mit ihnen kämpfen können. Seine 15 Zentimeter langen Zähne hatten einen sägeartigen Rand und waren daher ideal, um Fleisch zu zerschneiden. Aber sie waren sehr dünn und wären bei jedem Kampf abgebrochen. Dies alles läßt vermuten, daß *Tyrannosaurus* Aasfresser war. Hatte *Tyrannosaurus* den Kadaver eines großen pflanzenfressenden Dinosauriers gefunden, kauerte er sich vermutlich neben ihn und füllte sich den Bauch mit Fleisch. Nach längerer Ruhepause erhob er sich, gestützt auf die zweifingrigen Vordergliedmaßen, und wanderte auf der Suche nach der nächsten Mahlzeit weiter.

TYRANNOSAURUS	Länge: 12 Meter
Fossilien: in der Hell-Creek-Formation aus der Oberen Kreide gefunden	
Fundorte: Montana (USA), möglicherweise China	Ordnung: Saurischia
Unterordnung: Therapoda Familie: Tyrannosauridae	

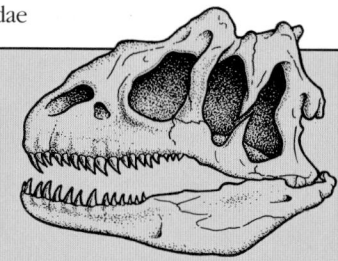

Der Schädel von *Tyrannosaurus* hatte wie der anderer Carnosaurier dehnbare Gelenke. Daher konnte er wie eine Schlange die Kiefer ausrenken und große Fleischbrocken verschlingen.

Pachycephalosaurus

Vom bewaldeten Berghang hallt das Echo auf ein lautes »Beng!« wider. Der Gesang der Vögel in den Nadelbäumen verstummt. Das Geräusch wiederholt sich noch mehrmals. Zwei *Pachycephalosaurus*-»Bullen« kämpfen um ein Revier. Vieles davon ist nur Imponiergehabe. Die beiden halten zuerst Abstand voneinander und richten sich so hoch sie nur können auf, sie schütteln die wuchtigen Köpfe, neigen sie und heben sie erneut und präsentieren sich gegenseitig die grellen Warnfarben auf der Brust und auf dem Kopf. Dann aber greifen sie doch an. Mit geneigtem Kopf und aufgestelltem Schwanz rennen sie gegeneinander an. Der Anprall wird von dem massiven knöchernen Schädeldach aufgefangen. Die beiden Tiere richten sich wieder auf und zeigen erneut ihre Drohgebärden. Derweil weiden die unscheinbaren weiblichen Tiere weiter unten am Hang und scheinen sich für das Drama über ihnen nicht zu interessieren, das auch ihre Zukunft betrifft. Nach einiger Zeit ermüdet der schwächere der beiden »Bullen«. Er weicht zurück, macht kehrt und trottet über den Hang hinauf davon. Bis er stärker geworden ist, wird er allein leben. Dann wird er einen neuen Kampf um das Revier und um die weiblichen Tiere darin führen.

Die Pachycephalosaurier, die »Dickköpfe«, entwickelten sich in der Unteren Kreide, erreichten aber den Höhepunkt erst in der Oberen Kreide. Sie gingen aus dem gleichen Urtyp hervor wie die Iguanodontier, denen sie in vieler Hinsicht glichen. Sie standen auf zwei Beinen und waren Pflanzenfresser. Die bemerkenswerteste Eigenheit war das kuppelförmige Schädeldach, das aus einem festen Knochen bestand und einem von oben kommenden Anprall oder Druck widerstehen konnte. Offensichtlich diente es im Kampf als eine Art Rammbock, konnte aber keinen ernstlichen Schaden anrichten. Man nimmt daher an, daß es bei Rivalitätskämpfen eine Rolle spielte, die darüber entschieden, welcher »Bulle« die Herde anführen sollte.

Die Mehrzahl der Überreste von Pachycephalosauriern, die man in Flußablagerungen gefunden hat, besteht nur aus dem vom Wasser glattgeschliffenen klumpenförmigen Schädel. Man nimmt an, daß diese Tiere im Hochland gelebt haben und ihre Körper nur selten flußabwärts gespült und zu Fossilien geworden sind.

PACHYCEPHALOSAURUS Länge: 5 Meter	
Fossilien: in der Lance-Formation der Oberen Kreidezeit gefunden	
Fundorte: Montana, Wyoming und South Dakota (USA)	
Ordnung: Ornithischia Unterordnung: Ornithopoda Familie: Pachycephalosauridae	

Das knöcherne Schädeldach von *Pachycephalosaurus* war 25 Zentimeter dick. Es hatte auch vorn auf der Schnauze Stacheln, und ebenso rückwärts rings um den Kopf. Die Halswirbel waren versteift und verstärkt und konnten so harten Stößen standhalten.

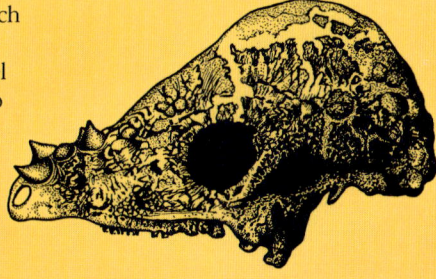

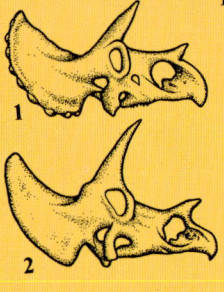

Infolge der starken Panzerung des Schädels von *Triceratops* hat man oft dessen fossile Überreste gefunden. Über 15 Arten von *Triceratops* mit verschiedenartiger Form und Größe des Gehörns sind beschrieben worden. Hier die Schädel von *T. brevicornis* (1), *T. elatus* (2), *T. serratus* (3) und *T. albertiensis* (4).

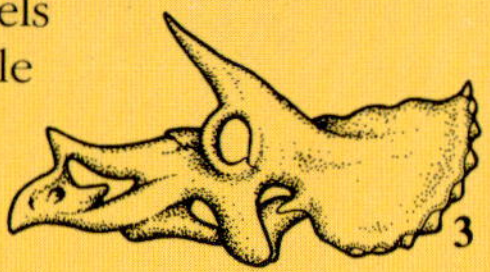

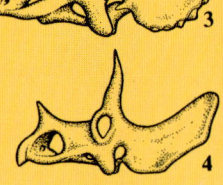

Triceratops

An einem kühlen Herbstmorgen steht ein *Triceratops* einsam und weithin sichtbar auf einer Lichtung. Sein Atem schwebt wie feiner Nebel in der stillen, kalten Luft. Im Sommer kann er sich darauf verlassen, daß sein mächtiger Leib am Tag zuvor in der Sonne soviel Wärme gespeichert hat, daß sie in den kälteren Nächten vorhält. Doch nun sind auch die Tage kühl, und das Tier wird immer träger. Das Zeitalter der Dinosaurier geht dem Ende zu.

Triceratops war der größte und auch einer der letzten Ceratopsia oder Horndinosaurier. Er trug drei besonders lange Hörner auf dem Kopf. Über die Schultern breitete sich nach rückwärts ein fester Knochenschild aus. Diese beängstigenden Gebilde dürften dazu gedient haben, Artgenossen zu imponieren und Raubtiere abzuwehren. Die Hinterbeine waren gerade und säulenförmig und daher solide Stützen. Die kürzeren, beweglicheren Vorderbeine halfen dem Tier, Kopf und Schultern herumzuschwenken und einer Bedrohung aus jeder Richtung zu begegnen. Stritten männliche Tiere um die Vorherrschaft, endete dies wahrscheinlich damit, daß sie ihre Hörner ineinander verhakten, mit den Köpfen kräftig zusammenstießen und den Gegner vom Platz zu drängen suchten, bis der Schwächere nachgab. Darauf verweisen auch Beschädigungen fossiler Kopfschilder.
Die Ceratopsia ernährten sich nur von Pflanzen. Ihre Krummschnäbel waren gut geeignet, Triebe abzuknabbern. Die Backenzähne wirkten wie eine Schere, um die Blätter und andere Pflanzenteile zu zerschnipseln, die dann in den Backentaschen herumgewälzt und weiter zerkleinert wurden. Als sich jedoch das Klima auf den nördlichen Kontinenten veränderte, wandelte sich auch die Vegetation. An die Stelle des subtropischen Waldes trat eine veränderte Vegetation, so daß es den Dinosauriern schwerfiel, genug Futter zu finden. Auch *Triceratops,* einer der vor dem lebenstüchtigsten Dinosaurier, war daher zum Aussterben verurteilt.

TRICERATOPS	Länge: 11 Meter	
Schädellänge: 2 Meter	Gewicht: 8,5 Tonnen	
Fossilien: in der Lance-Formation der Oberen Kreidezeit gefunden		
Fundorte: Wyoming, Colorado, Montana (USA), Saskatchewan (Kanada)		
Ordnung: Ornithischia	Unterordnung: Ceratopsia	Familie: Ceratopsidae

Glossar

Ammoniten: Ausgestorbene Cephalopoden – Kopffüßer –, die einem Tintenfisch in einem gewundenen Gehäuse gleichen.

Amphibien: Lurche, z. B. Frösche und Molche, eine Tierklasse, die in der Evolution zwischen den Fischen und Reptilien steht. Amphibien legen Eier – den Laich – ins Wasser, die erwachsenen Tiere leben meist an Land.

Ankylosaurier: Eine Gruppe der Ornithischia. Rükken und Schwanz sind von einem knöchernen Panzer und oft von Stacheln bedeckt. Sie heißen daher Panzerdinosaurier. Beispiel: *Palaeoscincus*

Archosaurier: Zu dieser Gruppe – den Großsauriern – gehörten die Dinosaurier und die Pterosaurier. Heute zählen dazu noch die Krokodile.

Carnosaurier: Eine Raubtierfuß-Dinosaurier genannte Gruppe großer Saurischia wie z. B. *Tyrannosaurus*.

Cephalopoden: Diese Tiere werden Kopffüßer genannt, weil ihre Greifarme am Kopf sitzen, wie z. B. bei Kalmaren und Tintenfischen.

Ceratopsier: Diese Horndinosaurier haben wie etwa *Triceratops* Hörner auf dem Kopf und einen über die Schultern gebreitetes Knochenschild.

Coelurosaurier: Diese Hohlknochensaurier sind eine Gruppe kleiner Dinosaurier wie z. B. *Coelurus* und *Saltopus*.

Dicynodontier: Diese Zweizahnsaurier wie z. B. *Lystrosaurus* sind eine Gruppe säugetierähnlicher Reptilien mit einem Paar hundeartiger Zähne.

Hadrosaurier: Eine Gruppe der Ornithopoden, die zu den Ornithischiern gehören und einen entenähnlichen Schädel haben. Manche, wie z. B. *Lambeosaurus*, tragen auf dem Kopf seltsame Gebilde.

Ichthyosaurier: Diese Fischsaurier sind eine Gruppe fischförmiger schwimmender Reptilien wie z. B. *Ophthalmosaurus*.

Nothosaurier: Diese Bastardsaurier sind eine Gruppe von im Wasser lebenden Reptilien wie z. B. *Nothosaurus*. Wahrscheinlich sind sie die Ahnen der Plesiosaurier.

Ornithischier: So nennt man eine Gruppe der Archosaurier, die ein vogelähnliches Becken hatten und daher auch Vogelbecken-Dinosaurier heißen.

Ornithopoden: Diese Vogelfuß-Dinosaurier sind eine Gruppe der Ornithischier. Sie liefen auf zwei Beinen, und die Füße ähnelten denen von Vögeln. Beispiele sind: *Iguanodon, Lambeosaurus* und *Pachycephalosaurus*.

Pachycephalosaurier: Diese »Dickkopfsaurier« bildeten eine Gruppe der Ornithopoden mit einem dikken knöchernen Schädeldach, wie z. B. *Pachycephalosaurus* es hatte.

Pelycosaurier: Sie waren die frühesten säugetierähnlichen Reptilien. Sie sahen Eidechsen ähnlich, und die meisten wie etwa *Dimetrodon* hatten ein »Rückensegel«.

Plesiosaurier: Sie werden auch Schwanendrachen oder Schlangenhalssaurier genannt. Diese Gruppe lebte im Wasser, hatte einen schildkrötenähnlichen Körper und auch Gliedmaßen. Auffallend waren der lange Hals und Schädel. Beispiele: *Cryptocleidus* und *Macroplata*.

Pliosaurier: Eine Gruppe von Plesiosauriern mit langem Kopf wie z. B. *Macroplata*.

Procompsognathiden: Die primitivste Unterabteilung der Coelurosaurier wie z. B. *Saltopus*.

Reptilien: Kriechtiere, die Eier legen und eine Schuppenhaut haben. Zu dieser Klasse zählen Eidechsen, Schlangen und Krokodile.

Rhynchosaurier: Diese Großschnabelechsen sind eine primitive Gruppe, verwandt mit der auf Neuseeland heute noch lebenden Tuatara, der Brückenechse. Fossil: *Hyperodapedon*.

Säugetiere: Mammalia – die höchst entwickelte Gruppe in der Evolution der Lebewesen. Sie bringen lebende Junge zur Welt, die sie säugen, und sie sind meist behaart.

Saurischier: Eine Untergruppe der Archosaurier. Sie werden nach dem Bau des Beckens auch Echsenbecken-Dinosaurier genannt.

Sauropoden: Eine auch Riesendinosaurier genannte Gruppe von wuchtigen, langhalsigen Saurischiern; z. B. *Diplodocus*.

Stoffwechsel: Chemische und physikalische Vorgänge, die im Körper eines Lebewesens mit unterschiedlicher Geschwindigkeit ablaufen – bei wechselwarmen Tieren langsamer, bei Warmblütern schneller und lebhafter.

Theropoden: Sie werden auch Raubtierfuß-Dinosaurier genannt, und sind eine Gruppe von fleischfressenden Saurischiern; z. B. *Tyrannosaurus, Coelurus* und *Saltopus*.

Warmblüter: Ein etwas irreführender Name für Wirbeltiere mit einem lebhaften Stoffwechsel und der Fähigkeit, die Körpertemperatur zu regeln.

Wechselwarme Tiere: fälschlich auch Kaltblüter genannt. Die Körpertemperatur richtet sich nach der Temperatur der Umwelt.

Wirbeltiere: Eine große Tiergruppe, zu der z. B. Fische, Amphibien, Reptilien, Vögel, aber auch die Menschen gehören.

Register

Mit * versehene Seitenzahlen weisen auf Abbildungen hin